DL그룹임직원을 위한
일본어 쉽게 외우게 하는 책

수학연구사

목 차

Ⅰ. 서론

1. 머리말

가장 효율적인 외국어 공부법

한번만 보고 외국어 단어를 외울 수 있다면 얼마나 좋을까? 이것은 우리 공부하는 사람들이 늘 가지는 소원이다. 그러나 외국어는 그렇게 되지 않는다. 단 그 중에서도 베스트 시도를 해서 성공한 것이 필자가 소개하는 방법이다. 그리고 필자가 소개하는 단어 외우는 방법이 가장 효율적이고, 빠르고 오래 간다는 것이 이제 입소문을 많이 타고 있다. 외국어 공부를 하면 처음에는 만들 때나 들을 때는 아는데 돌아서면 까먹는다. 그게 중요하다. 외국어는 평생 필생 헷갈린다. 그건 외국어이기 때문이다. 그게 숙명이다.

역지사지

특히 발음의 문제에서는 예를 들어 일본어의 일본 사람들의 발음의 입장을 생각하면 쉽게 이해가 되는 소리치환 등이 있다. 그것을 풀어나가면 아주 쉽게 일본어 정복이 된다.

일본어 단어들을 구성하는 다음 원리를 잘 알아야 한다: 음독훈독겸독(의 소리)

지리적 위치로 봤을 때 일본이 중국과 한국을 거쳐서 한자 영향권에 들어왔음은 딱히 부인할 것도 없다. 지리적이 그러니 말이다.

그래서 단어의 형성에 있어서도 그런 영향과 변천을 가지고 옴을 생각하고 외우면 아주 쉽게 외워진다.

우리로 치면 음독 소리는 고유어가 아니고 중국에서 온 거고 훈독소리는 그 나라 것 즉 우리는 우리나라 것, 일본은 일본 것이다. 그런데 그게 구별을 잘 하지 않고 보면 원류적 공부가 안 된다.

염두에 둘 것은 음독, 훈독 그리고 음훈, 겸독이 있다는 점이다. 완전히 중국소리도 아니고 완전히 한일 소리도 아닌 것에 대해서 말이다. 그것을 조심해야 한다.

한국이 완충지대로서 음독이 훈독이 되기도 하는 완충의 역할을 한다. 그런 관점으로 보면 좀 더 암기적 이해가 빠르다.

한 이라고 하면 음적인 한인지 훈적인 한인지 헷갈리지 않는가? 바로 음독 훈독 겸독이 그런 것이다.

결과론적 해석이 아니냐고 하시는 분들에게는 지리적 여건을 보라고 하고 싶다. 과거의 학자들 예를 들어서 튀넨의 지형학설에 따라서도 말이다.

2. 암기에 대해서

기본적으로 주요한 한 글자가 일본어에서 가지는 역할을 잘 알아야 한다

도-장소 도-문 이-생명 좋은 밥 같은 식의 한 글자가 훈적으로 가지는 의미를 잘 파악해서 조합적으로 생각하면 상당히 많은 단어가 쉽게 외워진다.

우리말과 밀접한 관련을 가짐을 알아야 한다

결국 우리나 일본이나 한자 문화권이면서도 지리적으로 바다를 빼고는 아주 밀접한 사이였기에 단어적으로도 연관성이 없을 수가 없었다. 그에 대해서 염두에 두면 아주 많은 단어암기의 수수께끼가 풀린다. 우리가 지리적으로 중국에 가깝다 보니 그에 유래해서 일본단어에 영향을 미쳤을 것이고 상호 교류적인 요소도 크다.

형성적으로 일정 부분의 허사가 존재함도 인정하고 외워야 한다

말들의 형성이 될 때 앞서 말한 대로 어근 그리고 그 어근이 우리말과 유사성을 가지고 오는 어근도 있음을 알아야 하지만 그 안에 허사가 존재함도 인정을 하고 가야 한다.

소리 변화에 익숙해야 한다

독일어 계통은 영어의 w 즉 우 발음이 브 v 발음으로 되는 게 크다. 폭스 바겐 같은게 그렇다. 웨곤이 아니고 말이다. 그것처럼 일본어도 그런 식의 발음 변화에 유념해야 한다. 단적으로 바 는 하에서 유래하고 관련이 된다. 하가 기본인데 그게 탁음이 되면 바가 된다.

한국과 일본은 형제이자 친구

공부를 하면 할수록 한국과 일본은 친구와 동반자로 지내야 한다는 생각을 하게 된다. 일부 못된 한국과 일본의 정치인들이 그런 둘 사이를 자꾸 정략적으로 이용하게 된다. 그게 문제다. 둘 사이는 얼마든지 동반자 관계가 될 수 있고 일반 국민들 사이의 호감도 굉장히 크다. 일본은 우리를 창의적이고 활력적인 국민이라고 보고 우리는 그들을 점잖고 친절한 사람들로 본다. 문제는 그들의 정치인들이다.

비법이 여러 개가 소개되는 경우

아래는 연상비법이니 좀 더 상위의 유래비법 본질비법에 맞춰서 생각을 하면 된다.

3. 우리 책의 구조에 대해서

일단 중요 단어들을 소개

그냥 단어의 소개만이 아니고 그 뜻의 유래를 자연암기 되게 소개를 했다. 그 유래에 대한 설명들을 보면서 자연 암기가 되면 일본어 정복을 위한 가장 중요한 실탄인 단어들에 대해서 암기가 되게 된다.

산업시사 기업시사적인 내용을 소개

세계경제 미국경제 일본경제의 큰 흐름을 알자의 이름으로 해서 여러분들이 기업생활 산업생활에서 알아야 할 주요 가십에 대해서 정리를 했다. 그리고 그것을 외국어적 연결성과 같이 해서 암기하게 했다.

Ⅲ. 단어 정리

가 Part

가가꾸	価格かかく 가격 [비법-가가꾸가 음독으로 우리말 가격과 일치하고 있다]
가가시	かかし 허수아비 [비법-시는 사람이나 물건을 의미하는 子가 되고 가가 는 우리 음독 훈독 어감으로도 가짜이다. 그래서 가짜 사람이다]
가가야꾸	かがやく[輝く·耀く]빛나다 반짝이다 [비법-우리가 지금이 야전등이니 엘이디니 하지만 과거에는 초의 붉은 빛이나 태양의 붉은 빛이다. 그래서 이것은 아까라메루처럼 붉게 빛남을 의미한다. 그래서 복합이 되어서 가가야꾸가 된다]
가가에루	かかえる[抱える]1.(껴)안다 [비법-음독으로 가까이둚을 의미한다; 품에 안으니 가까이 오는 것이다]
가게	그늘 陰 [비법-가게루는 掛 이어서 늘어뜰이다이다. 채우다 잠그다 의미가 있다. 한마디로 접촉적이다. 그래서 여기서의 가게는 괘 와 음감을 같이 한다. 첨언하면 고가께는 나무그늘 こかげ [木陰·木蔭]을 의미한다. 원래는 '기'인데 고로 변한 경우이다. 특히 나무를 기 라고 하는 것은 나뭇가지 가 지로 되는 것에서 유래한다]

가게끼	과격
가게라	かけら[欠片] [欠けら][명사] (부서진) 조각; 단편(斷片).부서진 조각; 파편.[일반-欠는 가게루로써 부수다는 의미가 되어서 명사형이 되어서 가게라는 파편이다]
가게루	かげる[陰る·翳る] 그늘지다; 흐려지다; (해가) 가리다 [비법-이는 가게루, 즉 掛 늘어지다에서 같이 외운다]
가고우	かこう[囲う] 둘러싸다
가구레루	かくれる[隠れる] 숨다 [비법-이는 숨기다의 가구수에서 피동으로 해서 외운다]
가꼬	학교
가꼬	과거 (가꼬니와 과거에는)
가꼬무	かこむ[囲む]둘러싸다
가꾸가꾸	がくがく자꾸 떨리는 모양 : 바들바들; 부들부들; 오들오들
가꾸가꾸	がくがく[諤諤]1.악악; 거리낌 없이 바른 말을 논술하는 모양. 2.시끄럽게 지껄여대는 모양
가꾸가꾸	かくかく[斯く斯く][부사] 이렇게 이렇게; 이러이러; 여차여차(=동의어かようかよう·しかじか)
가꾸닌	確認 확인
가꾸도꾸	かくとく[獲得] 획득
가꾸메이	혁명

가꾸신한	확신범
가꾸이	학위 學位
가꾸이	各位 각 사람
가꾸호	かくほ[確保][명사][スㅌ동사] 확보
가꾸호	かくほう[確報][명사] 확보; 확실한 보도[소식]
가꾸호	かくほう[各方]각 방면
가끼루	한하다 限
가나리	제법 어지간히 꽤 かなり[可成·可也] [비법-한자로 분석이 된다]
가나리	아름답다
가나리	가능하다 해도 좋다
가나이나이	かなわない[敵わない] 대적할 수가 없다 [비법-가나우는 대적하다]
가네가시	かねかし[金貸(し)][명사][ス자동사] 돈놀이(꾼); 대금업(자)
가노세이	가능성
가다	方
가다	型 体
가다	片
가다이	かだい[課題][명사] 과제; 제목(題目); 문제; 또, 주어진 문제; 임무
가다이	かだい[過大][명ノナ] 과대 (↔반의어過小)
가다이	かだい[架台] 발판
가다찌	かたち[形] 몸 형태

가데이	가정
가도(니)	과도(하게)
가라이	맵다
가레시	かれし[彼氏] 그는
가리루	빌리다 借かりる
	[비법-화투칠 때 사람들이 가리한다고 해서 패를 처음에 빌리는 것을 의미한다]
가리모노	かりもの[借(り)物] 빌려 쓰는 물건
	[비법:가리와 모노를 같이 결합해서 암기한다]
가바우	かばう [庇う]감싸다; 비호하다(감쌀 비)
	[비법-갑바가 좋다고 표현한다]
가사이	火災かさい; 화재
가슈	가수
가스가니	かすかに 희미하게
	[비법-긁다가 가스루이다 그래서 이는 아주 가벼운 모양]
가스레루	긁히다 擦 [비법-가스에서 유래한다-가스나]
가스미가세끼	かすみがせき[霞が関]
	[비법-긁다가 가스루이다 그래서 이는 아주 가벼운 모양. 그래서 안개이다]
가시	하자 瑕疵かし;
가오리	かおり[薫り·香り] 향기 좋은 냄새
가와	천 川
가와	皮
가와	側

가와가스　　かわかす[乾かす] 마르다

가와라　　かわら[川原·河原·磧][명사] 강가의 모래 [자갈]밭; 바닥이 드러난 강변

[비법-가와는 천, 강 와라는 근본을 의미한다 모토처럼]

가와루　　가와루는 변하다, 가에루는 바꾸다

가와스　　かわす[交(わ)す] 변하다

가와시이　　형용사를 만드는 어미

가이기　　かいぎ[会議] [명사] 회의

가이기　　かいぎ[懐疑] 회의

가이넨　　개념

가이긴　　がいきん[外勤] 외근

가이닌　　かいにん[解任]해임

가이다이　　かいたい[解体]해체

가이단　　계단

가이단　　회담

가아단　　괴담

가이데이　　かいてい[改定][명사][ス타동사] 개정

가이데이　　かいてい[改訂][명사][ス타동사] 개정

가이데이　　かいてい[海底][명사] 해저; 바다 밑

가이라이　　がいらい[外来]외래

가이로　　かいろ[海路]해로

가이로　　회로

가이뢰　　가로 (가로등 할 때의 가로)

가이마구센　　개막전

가이사이	開催かいさい 개최
가이사쯔구찌	개찰구
가이산	かいさん[解散] 해산
가이세끼	かいせき[解析] 해석 (중국어는 하이스)
가이세끼	회석
가이세이	개정
가이세이	개성
가이세쯔	해설
가이센	개선
가이소꾸	해적
가이쇼	かいしょ[会所] 회소; 집회소
가이쇼	かいしょう[解消]해소
가이슈	회수
가이슈	개수 고침
가이슈꾸	해석
가이시쯔	かいしつ[改質] 개질
가이신	회심, 마음에 듦
가이신	개신, 경신
가이신	회신
가이신	회진
가이신	(경)계심
가이죠	해제
가이죠	시중 듦
가이후꾸	回復かいふく; 회복
가자루	かざる[飾る]장식하다

	[비법-가자리가시かざりがし[飾り菓子]는 '관혼상제 등에 쓰는 의식(儀式)용 과자]
가즈도우	활동
	[비법-이것은 그냥 완전히 음독으로 해서 읽은 것인다 활은 가즈 동은 도우가 된다]
가지루	かじる[齧る]갉(아먹)다; 베어 먹다
	[비법-담배한가치처럼 하나의 조작을 베어무는 조각 등이 가지이다. 그래서 가지루이다]
간게이	がんけい[眼形][명사] 안형; 바둑에서 사는 형태를 갖춘 돌의 모양
간게이	かんけい 관계
간겐	還元かんげん 환원
간고	かんご[歓語] 환담
	[비법-말은 환담이라고 했지만 일본어에서는 환어라고 표현을 하고 그 어는 '고'로 해서 발음한다]
간교	環境 환경[종이]
간꼬	かんこう[観光][명사][ス타동사] 관광
간꼬(간고	がんこ[頑固]
간엔	肝炎かんえん 간염
간지	感じかんじ (멋, 맵시): '느낌'을 뜻함
간지	한자
간지루	かんじる[感じる] 느끼다
갓가리	がっかり 실망하는 모양
	[비법-[등가:영어;동사](디스)커리(지)가 실망하다이다]

갓고	かっこ[各個] [명사] 각개; 각각; 제각기(=동의어 めいめい·それぞれ)
갓고	かっこ[確固·確乎] [トタル] 확고
갓고	格好かっこう 모습
갓쇼	合唱(합창) がっしょう, [비법-한자를 일본어로 발음할 때는 일본어의 거북함 등을 감안해야 한다:여기서의 창은 일본어 발음에 없다 그래서 '쇼'가 되었다]
갸꾸다이	虐待ぎゃくたい. 학대
갸꾸세쯔	ぎゃくせつ [逆説]역설
갼세루	キャンセル(cancel) 캔슬, 취소
갸고우까	ぎゃっこうか [逆効果] [비법-갸은 일본어로 역인데 역은 일본어 발음이 어렵다는 염두에 두면 결과가 나온다]
게루	ける[蹴る]차다 [비법-(의태어포함동가:프랑스어;claquer 클라케(루))
게쇼	けしょう[化粧] 화장; 겉을 아름답게 꾸밈; 단장
게쇼	けいしょう[軽捷]1.경첩 2.몸이 날렵하고 민첩함 3.손쉽게 빨리한
게시까라누	けしからぬ [怪しからぬ] 무엄하다
게시끼	경치, 풍경
게시끼	형식[종이]
게요	경량
게이가꾸데끼	計画的けいかくてき 계획적

게이겐	けいげん[軽減][명사][スタ·자동사] 경감
게이겐	けいけん[経験][명사][スタ동사] 경험
게이겐	けいけん[敬虔][ダナ] 경건
게이노	예능 芸能げいのう [비법-게이는 예인데 일본어에서 예라는 발음은 없다. 대신에 계도 없어서 게이식으로 해서 규나 계는 게이로 간다]
게이따이	휴대
게이슈쯔가	芸術家 예술가
게이시쵸	경시청
게이쥬쯔	芸術げいじゅつ; 예술
게이즈	けいず[系図] 계통도
게지반	게시판
게쯔에기	피 혈액
겐고	けんこう[健康][명사][ダナ] 1.건강 2.몸에 탈이 없이 튼튼함 3.건전
겐고	げんこう[原稿] [명사] 원고(=동의어草稿)
겐고	げんこう[現行]
겐고	げんご[言語][명사] 언어; 말(=동의어ことば)
겐고	けんご[堅固] 견고
겐고	げんご[原語][명사] 원어(↔반의어訳語)
겐고	げんごう[元号][명사] 원호; 연호(年號)(=동의어年号)
겐기	けんぎ[嫌疑][명사] 혐의(=동의어容疑)
겐기	けんぎ[建議][명사][スタ동사] 건의
겐데이	限定げんてい 한정

겐또	けんとう[見当] 목표 (=동의어めあて)
겐또	けんとう[検討] 검토
겐민	けんみん[県民] 현민
겐바	げんば[現場]현장
겐뽀	헌법
겐사꾸	검색
겐사꾸	げんさく[原作][명사] 원작
겐사꾸	けんさく[建策]계책을 세움
겐센	げんせん[厳選][명사][スㅌ동사] 엄선
겐소꾸	げんそく[原則][명사] 원칙
겐소꾸	げんそく[減速] 감속
겐쇼	현상
겐쇼	감소
겐수	건수
겐슈	연수
겐시	원시
겐시	검시
겐인	原因げんいん원인
겐자이	현재 現在
겐죠	현상
겐쥬	げんじゅう[厳重][ダナ] 엄중
겐지꾸	建築けんちく
겐지쯔	げんじつ[現実] [명사] 현실
겟가	결과
겟곤	결혼

겟도	けっとう[血糖]혈당
겟쇼	けっしょう[結晶] [명사][スㅈ자동사] 결정
겟쇼	けっしょう[決勝][명사] 결승
겟시떼	결코
겟데이	결정 決定
겟지꾸	접착
고가꾸	공학
고가꾸	어학[종이]
고가꾸	후학
고고에루	こごえる[凍える]얼어붙다 [비법-연관의태어: 한국어: 꽁꽁얼다이다. 그러나 일본어는 공공 같은 단어는 없기에 다르게 한다]
고기부리	ゴキブリ 고키부리 바퀴벌레 [비법-동등;영어-코크라치'cockroach']
고꼬로	こころ
고꾸나이	국내의
고꾸나이	ごくない[極内]
고꾸단	극단
고꾸세끼	국적
고꾸지	こくじ[告示] 고시
고나고나	こなごな[こなごな·粉粉] 산산이 [비법-관련동사:영어-브로큰 broken]
고노	こうのう [効能·功能] 효능
고노하	このは[木の葉]나뭇잎 [일반-원래 나무는 주로 '기'로 소리가 나지만 여

기서는 음감 때문에 고로 바꾼 것임. 엽이 하가 되는 것은 일본어에서는 엽처럼 여 발음도 힘들고 거기에 비읍의 받침도 구현이 되어야 한다. 그래서 엽이 하가 되었다]

고다와루 엄선하다 こだわる[拘る·拘泥る]

[비법-고다는 구 이다 구가 구로 바로가지는 않았다]

고다와리 こだわり[拘り·拘泥り] 마음이 쓰임, 구애됨

고다이시 황태자

[비법-황은 고 태는 다시 자는 시로 번역이 된다]

고다쯔 ごうだつ[強奪] 강탈

고다쯔 こうだつ[劫奪] 겁탈

고다쯔 こたつ[火燵·炬燵] 고다쯔

고뎬 こてん [古典] 고전

고뎬 와전 誤傳

고도 행동 行動

고도와루 끊다 断 ことわる [断(わ)る·辞わる·謝わる]

[비법-고는 앞서붙인 것이고 도 는 단이다 그래서 고도와루가 되었다]

고따이 こうたい[交替·交代] [명사][ㅈ자동사] 교체; 교대

고로가스 구르다転

[비법-영어;동등-롤roll]

고마까이 こまかい[細かい]잘다

[비법-동등:한국어;고만고만하다]

고마루 こまる[困る] 5단 자동사. 곤란하다

고마샤루	커머셜 광고(커머셜)
고멘	ごめん[御免]1.면허·공인(公認)·특허의 높임말 2.면직의 높임말 3.용서·사면의 높임말; 전하여, 방문·사과를 할 때의 인사말 [비법-여기서의 고는 겸양어. 그래서 봐주세요가 되면 고멘나사이]
고멘	こうめん[後面][명사] 후면; 뒷면 (↔반의어前面)
고멘	こめん[湖面][명사] 호면; 호수(의 표)면
고모루	가득 차다こもる[籠(も)る·隠る·篭る] [비법-籠는 상자나 박스를 의미하는 농이다. 그런데 일본어는 나 니은이 마 미음으로 더 편하게 발음하게 되게 위해서 바뀐다. 그래서 고모루가 되었다]
고세이	こうせい[公正] [명사][ダナ] 공정
고세이	ごうせい[合成] [명사][ス타동사] 합성
고세이	こせい[個性] [명사] 개성(↔ 반의어 一般性·普遍性)
고세이	こうせい[更生·甦生] [명사][ス자동사] 갱생; 새로워짐; 소생
고세이	こうせい[厚生] [명사] 후생
고세이	고생(중고생)
고소꾸	こうそく[高速] 고속
고소꾸	こうそく[拘束] [명사][ス타동사] 구속(↔반의어解放)
고소꾸	こうそく[校則] [명사] 교칙; 학교의 규칙 (=동의어校規)
고소꾸	こうそく[梗塞] [명사][ス자동사] 경색; 막혀서 통하

	지 않음
고쇼	고장
고쇼	교섭
고쇼	こしょう [胡椒]후추
	[비법-고는 오랑캐 호가 변한 것이다. 오랑캐가 쓰는 즉 서양인이나 아라비아인들이 쓰는 산초라는 의미가 된다]
고쇼겐	교섭권
고슈	こうしゅう[公衆][명사] 공중
	[비법-중과 같은 발음은 일본인들에게는 취약이다. 그래서 중은 슈로 발음이 바뀌었다]
고에	こえ[声] 목소리
	[비법-고래고래 소리치듯이 해서 고에는 소리이다]
고에끼	こうえき[公益][명사] 공익(↔반의어私益)
고에끼	こうえき[交易][명사][ㅈ자·타동사] 교역; 무역
고에루	초과하다 こえる [超える] [越える] (때가) 지나가다, 넘기다. (어떤 기준이나 수치를) 넘다, 넘어서다, 초과하다. 초월하다
	[비법-고는 형식적 어두이고 월은 에루가 된다. 그래서 초가 되어도 이것은 월에서 나온 것이어서 초월이 된다]
고오리	얼음 氷
	[비법-공공 얼음이 언 의태적인 차용이다. 그래서 고오는 공공의 의미가 된다]
고와수	こわす[壊す·毀す] 부서지다, 부수다

	[비법-여기서 고는 형식적 어두이고 와는 회(괴,파괴)가 된다. 고와는 훈독으로서 우리의 고장과 의미가 같다:고장나게 하는 것이다]
고와이	こわい [怖い·恐い] 무섭다
	[비법-고와는 훈독으로 우리의 공포이다. 그들은 공 같은 받침이 없다보니 자연스럽게 공이 고가 된다. 아니면 허사적 어두로 봐도 된다]
고와이	こわい [強い·剛い] 딱딱하다, 고집이 세다
	[비법-한국말 음독훈독겸독 강이 일본어에 영향을 미친 경우이다. 즉 강의 고와가 된다]
고요	こうよう[紅葉]단풍[종이]
	[비법-홍엽이 고요가 된다. 홍은 일본어에서 딱히 발음이 나타내기 힘들어서 고가 되고, 엽은 하가 되기도 하나 고하는 발음이 어려워서 고요가 되었다]
고요	공용
고요	효용
고요지	천황사는 곳(내 생각)
고요지	こようじ[小ようじ·小楊枝] 이쑤시개
고우가꾸	합격 合格
고쥬	こうちゅう[口中] 입 속
고지	공사
고지까라	こぢから[小力] (무시 못 할) 다소의 힘
고진	고인
고진	개인

고쯔 뼈 (돈고츠)

고하세 小鉤こはぜ[鞐] 메뚜기. 메뚜기모양의 찝어두는 물건

[비법-하제는 우리나라한자 메뚜기 황의 음독과 같다. 蝗 메뚜기 황 이다]

고하이 후배

[비법-고눈 후 이고 배는 하이가 된다]

고호우 ごほう[語法]어법

고후꾸 행복

곤가쯔 こんかつ[婚活]

곤게츠 こんげつ[今月]

곤까이 こんかい[今回]

곤단 간담

곤도 こんど[今度][명사] 이번; 금번(=동의어この度)

곤도 こんどう[混同][명사][スタ·자동사] 혼동

곤도 こんどう[金堂] [불교] 금당

곤도 こんどう[金銅][명사] 금동

곳기 こっき[国旗] 국기

교레쯔 ぎょうれつ[行列] 행렬

교료꾸 협력 協力

교리 距離きょり; 거리

교사 ぎょうさ[業作] 업작, 작업

교세이 きょうせい [強制]강제

교소 협조

교쇼 경쟁

교엔	きょうえん [共演] [명사][ス자동사] 공연
교엔	きょうえん[競演] [명사][ス타동사] 경연
교우까	強化きょうか 강화
교우꼬하	강경파 強硬派きょうこうは
교우끼	흉기
교죠	きょうちょう强調 강조
교죠	협조
교죠세이	협조성 協調きょうちょう
교쥬	享受 향수
구다루	くだる[下る·降る] 내려가다 [비법-우리말훈독내려가다가 (내려)구다와 유사성을 갖고 있다]
구라게	1.해파리 くらげ[水母·海月] 2. 근골(筋骨)이 발달되지 못한 사람의 비유. 3. 줏대가 없는 사람의 비유, 무골충. [비법-구라로 형태나 몸이 있는 사람이나 동물의 의미이다]
고까이모노	소소한 것들 [小買い物]
구라베루	くらべる [比べる·較べる·競べる] 비교하다 [비법-구라는 형태나 틀인데 그것을 베루 즉 놓다니까 두 개를 내려놓아서 비교를 하게 한거다]
구라스	くらす[暮(ら)す 살다 [비법-구라 구레는 형태를 완결지음을 의미하기에 시간으로 보면 저녁이 된다. 최종마무리 말이다 그래서 구라스는 잘 지내고 버티어서 잘 끝냄을 의

미한다.]

구라이 くらい[位][명사] 1.지위; 계급 2.품격; 품위; 관록 3.정도

구라이 くらい[暗い] 어둡다
[비법-구라가 완결의 의미이면서 저녁의 의미를 가지니까 형용사나 빛의 관점에서는 어두울 수밖에 없다. 거기에 흑의 의미를 가지는 구로이도 유사어 감으로 온다]

구로 苦労くろう; 고생

구로지 흑자

구루구루 뱅뱅; 뱅글뱅글
[비법-뱅글뱅글 구루는 모양으로서 구루구루가 된다]

구루미 호두 くるみ[胡桃] [명사][식물] 호두
[비법-중국의 입장에서는 자기네 원산지가 아니면 다 오랑캐. 그래서 호자가 붙었다

구비스지 くびすじ[首筋·頸筋]목덜미

구스루 ぐする[具する·倶する]갖추어지다

기노세이 機能きのう性せい 기능성

기꾸 듣다
[비법-귀에서 기가 나왔다]

기네 絹きぬ 비단
[비법-비단이 우리 말로는 견이다. 거기서 유래]

기따나이 きたない[汚い·穢い]더럽다

[비법-어원은 끼다가 붙는다, 이끼나 때가 끼는 것 말이다]

[나이는 부정이 아니라 형용사의 정도를 만드는 어간][비법-기다림선-에 대기해두는 차가 많아서 더럽다고 봐야해]

기레 きれ[切れ] 작은 조각, 천조각

[비법-기루가 짜르다이기에 짤라진 것의 명사이다]

기라우 싫어하다

[비법-꺼리다에서 기라와 같은 어감을 가진다]

기루 자르다

[비법-화투칠 때 처음 덩어리를 쥐고 있다가 다른 편이 짜르는게 기리]

기마루 결정하다 きまる[決(ま)る·極る]

[비법-자르다의 기가 붙었다, 거기에 타동사형메루가 붙으면 기메루]

[자동사형 마루가 붙으면 기마루이다]

[비법-기마이(댓가없이 선심쓰기)-기마이해서 절절해야해] 암기해설 : 돈내줄지 아닌지를 결정해야 한다

기비시이 きびしい[厳しい·酷しい]엄하다

[비법-깊에서 나온다 정도가 심한 것을 의미]

[비법-양귀비-왕에게는 부드러우면서도 신하들에게는 엄했다고 봐야해]

기시베 　　　　きしべ[岸辺] 물가, 해안
[비법-원래 기시 자체가 물가의 의미를 가진다. 거기에 헤가 辺]

세계경제 미국경제 일본경제의 큰 흐름을 알자

: 다우존스와 엔비디아

140여 년 전 뉴욕증권거래소를 취재하던 신문기자 찰스 헨리 다우(1851~1902)는 정제된 정보 유통의 필요성을 절감하고 동료 기자 에드워드 존스와 함께 '주식 정보지'를 만들어 팔았다. 다우가 만든 정보지는 뛰어난 글 솜씨와 탁월한 분석 덕에 불티나게 팔렸다. 다우는 몇 년 뒤 경제신문 '월스트리트 저널'을 창간, 초대 편집장이 된다.

▶다우는 주식투자 역사에서 '기술적 분석'의 창시자로 불린다. 그는 증시는 상승·하락장을 반복하기 때문에 '추세'를 파악하는 것이 핵심이라고 보고, 추세 파악에 도움이 될 지수를 개발했다. 각 산업을 대표하는 기업을 추려내 주가를 평균하는 개념이었다. 1896년 제너럴일렉트릭(GE) 등 12개 대표 기업의 일평균 주가로 구성된 다우존스 지수가 첫선을 보였다. 이후 18종목이 추가돼 1928년 이후엔 총 30종목으로 구성됐다.

▶다우존스 구성 종목은 지수산정위원회가 시장 흐름, 기업의 영향력, 성장성 등을 종합 판단해 부정기적으로 교체한다. 다우존스 종목 변화를 보면 미국의 산업 변천사가 보인다. 원년 멤버엔 석유·석탄 등 에너지 기업이 많

았다. 1980년대 이후 미국 산업의 중심축이 제조업에서 서비스업으로, 정보통신(IT)으로 옮겨간다. 1990년대 후반 웨스팅하우스를 쫓아내고 인텔과 마이크로소프트를 새로 편입했다. 2004년엔 코닥, 글로벌 금융 위기 땐 제너럴모터스(GM)가 쫓겨났다. 2015년엔 AT&T가 퇴출되고 애플이 추가됐다. 2018년엔 마지막 원년 멤버 GE마저 쫓겨났다.

▶8일부터 다우존스 지수에서 인텔이 빠지고 엔비디아가 새로 편입된다고 한다. 세계를 호령했던 반도체 제국, 인텔이 모바일·AI 혁명에서 뒤처져 25년을 넘기지 못하고 쫓겨나는 신세가 됐다. 월스트리트저널은 “기술 산업 지형의 변화를 뚜렷이 보여주는 사건”이라고 했다. 기업의 살 길은 혁신뿐이라는 냉엄한 현실을 보여준다. 다우존스 128년 우상향 그래프를 만들어 준 미국 경제의 혁신성과 역동성이 부럽기만 하다.[1)]

1) 다우존스

이 기사를 보면 아 그래서 다우존스 지수가 생겼구나 그리고 그 유명한 월스트리트 저널이 저렇게 나왔구나 하고 생각하게 된다.

2) 부럽다 미국경제 그 역동성

부럽다는 다 음단어로 정리된다. 자연암기하게 해주겠다.

우라야마시　　　　うらやましい[羨ましい] 부러워하다, 샘나다

1) 24년 11월 5일 조선일보

[비법1-우라야마와 같이 암기]

[비법2-동등:한국어-부러워]

우라야무 うらやむ 羨 부러워하다, 샘내다

[비법-우라는 마음, 속마음이고 야무는 앓다의 의미를 가진다(소리 일치) 그래서 이는 마음속으로 병들아 앓다 그래서 부러워하다 샘내다이다

[비법-당구에서도 공을 당구대의 안쪽으로 해서 돌림을 우라마시라고 한다]

나 Part

나가레	흐름 ながれ[流れ] 흐름
	[비법-나가수에서 나온 말]
나가수	흐르다, 흘리다
	[비법-길다의 나가이가 어원이 되어서 길게 강이 흐름을 의미]
나가시	ながし[流し] 흘림
나게루	던지다 投 {주다 건네다 선사-받다 }
	[비법-나게루는 날다와 어근이 같다. 날게 하는 것이다]
	[비법-나게디-명품만 골라서 하기에 준명품인 나게디는 던졌다고 봐야해]
나라베루	ならべる[並べる] 늘어놓다; 나란히 하다, 비교하다
	[비법-나라는 나란히의 의미]
나라부	並 한줄소서다 늘어서다
나리루	たりる [足りる] 충분하다
	[비법-나리는 이룰 成이다]
	[우리가 뭐가 된 사람에게 난놈이다 라고 이야기를 한다]
나마게루	なまける[怠ける·懶ける]게으름피우다
	[비법-스스로 뒷순서로 처짐을 의미한다]
	[비법-나마비루마시면서 게르음피운다고 봐야해]
나오스	낫다 치료되다 治
	[비법-낫다에서나온다]

네가우 원하다(오네가이시마스)
[비법-되뇌다처럼 뇌는 원하는 것을 여러번 이야기함]

네가이 ねがい[願(い)] 원함

네구세 ねぐせ[寝癖] 잠버릇

노고루 のこる[残る] 남기다
[비법-놓다에서의 놓이 노고이다]
[비법-노고지리-남겨진찻잔을 보면서 작곢을 해야해]

노루 타다 乘
[비법-이는 날다에서 유래가 되었다고 봐야 한다 그래서 노가 날이 된다]

노보루 のぼる[登る][5단활용 자동사] 높은 곳으로 올라가다
[비법-올라가다이지만 중심이미지는 '높'이 되고 그게 어근이 된다]

누꾸 ぬく[抜く]빼다
[비법-누는 우리말과 한자에서 공통으로나오는 나라에서 나옴]
[비법-서양에서의 누드도 그런 어감이다]

누꾸 벗다
[비법-누는 우리말과 한자에서 공통으로 나오는 나라에서 나옴]
[비법-서양에서의 누드도 그런 어감이다]

누루이 ぬるい [緩い] 미지근하다
[비법-중국어로 완이 누완이다 그래서 누루]

누마	늪 ぬま[沼] [비법-늪이다. 마는 장소] [비법-누마램프-쓰다보면 그늪에 빠진다고 봐야해]
니가이/니까이	[형용사]1.苦にがい 쓰다 기분이 언짢다 씁쓸하다 [비법-니글니글하다가 원형이 된다, 속이 쓰리니 그럴 수밖에]
니게루	にげる[逃げる·遁げる·迯げる] 피하다 도망치다 [비법-닉 은닉할 때의 닉이 여기에 작용한다] {비법-힛시데 니게마시다 필사적으로 도망가다}
니오이	におい[匂い]향기, 냄새 [비법-니오는 냄새 또는 내에서 나오는 말이다] [비법-니오(홍콩계미국상장전기차회사)-니오의차에서 좋은 향기가 나게 해야해]
니와	정원 마당 庭 [비법-니와는 마당이고 닭은 니와도 리이다]
니와도리	닭 [명사][조류] にわとり 鶏 [일반1-닭싸움은 니와도리아와세 にわとりあわせ[鶏合わせ]] [일반2-니와는 마당庭이고 닭은 니와도리이다]

다 Part

다까사	たかさ[高さ]높이
다까다까	많아봐야, 고작
다까라	보물
다까라모노	보물
다노	이라든가
다노시메루	たのしめる[楽しめる]즐길 수 있다
다메	だめ[駄目] 소용없음; 효과가 없음(=동의어むだ)
다메	ため[為][명사] 이익·행복 등 유리한 것; 위함
다메루	모으다 貯[비법-담에루 (예물을) 모으다]
다베스끼	たべすぎ [食べ過ぎ] 과식
다비(1)	여행 旅
다비(2)	정도 빈도 度 때
다스가루	살아나다(다스갓다 살았다)
다스게	도움
다수	多数たすう 다수
다오레루	倒たおれる 쓰러지다
다이가구센	たいかくせん[対角線] 대각선
다이가이	たいかい[大会][명사] 대회
다이가이	たいかい[大海][명사] 대해; 큰 바다
다이가이	たいかい[大塊] 대괴
다이가쯔	だいかつ[大喝] 크게 꾸짖음
다이게쯔	たいけつ[対決][명사][ス자동사] 대결
다이게쯔	だいけつ[代決][명사][ス타동사] 대결; 대리 결재

다이곤	だいこん[大根] 무
다이기보	大規模だいきぼ; 대규모
다이다이	だいだい[代代] 역대, 대대로
다이또	태도
다이사꾸	대작
다이사꾸	대책
다이산샤	제삼자
다이샤	退社たいしゃ퇴사
다이세이꼬	大成功だいせいこう; 대성공
다이세쯔	たいせつ[大切] 1.중요 2.귀중; 소중
다이세쯔	たいせつ[大雪][명사] 대설
다이소	体操たいそう 체조
다이쇼	たいしょ[対処][명사][ス자동사] 대처
다이쇼	対象たいしょう 대상
다이시쯔	たいしつ[体質]체질
다이오	대응 大應
다이오	대왕 大王
다이요	대양
다이요	대용 代用
다이요지	たいようじ[太陽時]
다이이꾸간	体育たいいく館かん 체육관
다이이찌	だいいち[第一] 제일
다이인	退院たいいん 퇴원
다이진	大臣 대신, 장관
다이진	大人たいじん 대인, 성인

다이하이	대패
다이호	[명사]逮捕たいほ 체포
데아데	手当てあて 치료 [비법-말 자체는 수당이지만 손으로 딱 떨어지게 적절히 하는 일이니 치료라고 기억한다]
데이네이	ていねい[ていねい·丁寧·叮嚀] 친절함; 정중함; 공손함 [비법-여기서의 정은 정수리 즉 올곧은 것을 의미하고 녕은 편안할 녕이다. 그래서 정중하고 공손한 뜻이 된다]
데이도	程度ていど; 정도
데이지	제시
데쯔기	てつき[手付き] 손짓, 손놀림
데쯔도	철도
덴겐	전원
덴겐	점검点検てんけん
덴교	てんぎょう[転業]전업
덴난가이	전람회
덴데이	번개 でんてい [電霆]
덴덴	でんでん 북소리 : 둥둥
덴덴	てんでん [명사] 각자; (제)각기; 각각(=동의어めいめい·それぞれ)
덴덴	てんてん[点点] 몇 개의 점
덴덴	てんてん[転転] 1.전전 2.여기저기 옮겨 다님
덴도우	전등

덴도우	전통
덴도우	でんどう[電動] 전동
텐부쯔	てんぶつ[天物][명사] 천물; 천산물(天產物); 자연 산물
덴부쯔	てんぶつ[典物][명사] 전당잡힌 물건; 전당물(=동의어質ぐさ)
덴신	全身ぜんしん;전신
덴와	전화
덴죠	天頂てんちょう천정
덴지	てんじ[展示][명사][ス타동사] 전시
도나루	부르다 크게 외치다 [비법-원래 나루는 울다 소리나다에서 나오는 것인데 거기에 도가 강조 또는 격하게 붙어서 도나루는 외치다]
도나루	이웃하다 [비법-도는..라고의 의미를 범용적으로 가진다. 그리고 나루는 기본적으로 존재를 나타내는 成 그래서 옆에 ..라고 옆에 있다 식의 의미를 가진다
도나리	옆에 となり[隣·鄰]
도도게	신청
도도구	とどく[届く]1.(보낸 것·뻗친 것이) 닿다; (도)달하다; 미치다 2.(소원 따위가) 이루어지다 [비법-도달에서 나오는 단어다. 도달이니까 일본어 어감으로 도도(구)가 된다. 도도게루와 같이 암기한다. 도도게루의 원형이다]
도리시마리야꾸	取締とりしまり役やく 취재역

도리아에즈	とりあえず[取(り)敢えず] 1.우선 2.부랴부랴 예시문: あ,「やりがい」とかいらないんで,とりあえず殘業代ください (보람은 됐고요. 잔업수당이나 우선 주세요 [비법-이 단어는 말 그대로 하나하나를 풀어준다. 잡고 감행을 한다는 소리이기에 다른 것보다 우선한다는 의미를 가진다고 외운다. 여기서의 아는 좀 별 뜻 없이 무엇을 하다 놓다 정도의 의미로 보면 속편히 외운다]
도마루	멈추다とまる[止(ま)る·停(ま)る] [비법-도메루는 핵심소리가 돔이다 원래 이는 멈(추다)또는 멈(물다)에서의 멈에서왔는데 일본어는 멈이나 몸같은 소리가 없다 그래서 돔이 된거다. 도메루를 외우고 이 도마루도 비슷한 소리로 나오는 단어임을 같이 외운다. 아니면 도마루를 외우고 도메루를 같이 외운다]
도메루	とめる[止める·停める] 1.멈추다 2.세우다; 정지하다. [비법-도메루를 외우고 이 도마루도 비슷한 소리로 나오는 단어임을 같이 외우다. 아니면 도마루를 외우고 도메루를 같이 외운다]
도메루	とめる[留める] 만류하다
도메루	とめる[泊める] 숙박시키다; 묵게 하다
도우시	투자
도우시따	どうした[如何した]

도유	とうゆう[党友] [명사]1.당우 2.같은 당파에 속하는 동료 3.외부에서 그 당을 지지·지원하는 사람
도유	どうゆう[同友] 친구
도이쯔	통일
도젠	당연 當然
도죠	盜聽とうちょう; 도청
도죠	등장(신도죠 신등장)
도지 1	どうじ[同時] 동시
도지 2	とうじ[当時] 당시
도지	동자; 어린이(=동의어こども·わらべ)
도지	(유)적지
도지니	どうじに 동시에
도지루	とじる[閉じる] 닫다, 닫히다 {열다, 닫다, 벌리다}
도지쯔	그날 당일
도지쯔	같은 날
돗데	とって[とって·取って] 에 있어서

라 Part

란샤	乱射らんしゃ 난사
레끼시	歴史れきし 역사
레이조우꼬	냉장고 冷藏庫 れいぞうこ
렌라꾸	連絡れんらく 연락
렌아이	연애 가가가
로우소꾸	ろうそく[蠟燭][명사] 초; 양초
	[비법-밀랍 랍초 촉의 두단어가 합쳐진 말이다]
론소	論争ろんそう 논쟁(참고 센소 전쟁)

마 Part

마까세루　任まかせる 맡기다
[비법-여기서의 마가세루(마까세루)가 우리말의 맡기다의 훈독이다]

마꾸　씨뿌리다 播
[비법-파와 마가 유사음가를 가진다]

마와리　まわり[回り·廻り] 회전 돔

만나가　한가운데

만부꾸　まんぷく[満腹] 1. 만복 만족 2. 전면적으로

만슈　まんしゅう[満州·満洲]만주

메가네　눈

메가미　여신

메구루　めぐる[巡る·回る·廻る·周る·繞る]돌다

메구리　회전

모모　もも[桃][식물] 복숭아(나무)

모모　もも[百]1.백(=동의어ひゃく) 2.수가 많음을 표시하는 말

모무　시달리게하다, 문지르다 もむ[揉む](일본식 한자)(주로 수동형으로 모마레루 같은 식으로 쓰임)

모사꾸　모색

모시　もし[若し] 만일

모시꼬무　もうしこむ[申(し)込む] 신청하다

몬구　もんく[文句]1.문구 2.불평; 이의(異議)트집

몬방　もんばん[門番] 문지기

무겐	[명사] 無限むげん 무한
무까우	むかう[向かう] 향하다
무끼	[명사][식물] 麦むぎ 보리 [비법-맥은 무기이다 일본에서는 맥기라는 것은 그런 소리는 없으니 말이다]
무도효	무득표(당선)
무또	むとう[無党] [명사] 무당; 어느 당파에도 속하지 아니함
무또	むとう[無灯][명사] 무등; 등불을 켜지 않음(=동의어無灯火)
무또	むとう[無糖] [명사] 무당; 당분이 없음
무소	무장
무스꼬	식자 息子 むすこ 자식 아들 놈
무시바	충치
물러서다	아도에 히꾸 あとへ引ひく
미	実 み열매
미기가와	みぎがわ[右側]우측
미가꾸	磨みがく연마하다 닦다
미고또	みごと[見事·美事]훌륭한 일
미기	오른쪽
미나리	みなり[身なり·身形] 옷차림, 복장
미나미	みなみ[南] 남쪽
미노마와리	みのまわり[身の回り]신변물
미니구이	みにくい[見にくい·見悪い·見難い][형용사] 보기 힘들다[나쁘다]; 알아보기 어렵다.(↔반의어みやすい)

	[일반암기-이 단어는 역시 미 다음에 니구이 가 결합된 것으로 보면 된다]
미다이	-みたい 비슷한, 유사한
미도리	초록
미도리니	초록빛으로 예시 緑みどりに艶つやめく 반들거리다
미이루	みいる[見入る]들여다보다, 열심히 보다
미쯔	みつ[密]비밀
미쯔	꿀
미쯔	3개
미쯔	넘치다 차다
미찌구사	みちくさ[道草·路草]1.길가의 풀; 노방초(草) 2.길 가는 도중에 딴 짓으로 시간을 보냄; 지정거림[일반-이 단어는 그냥 그 유래의 뜻대로 가면 되는 단어이다]
민슈	민중
민슈도	민주당
미쯔	みつ[密]비밀
	[비법-꿀 밀이 바로 미쯔이다]
미쯔	꿀

세계경제 미국경제 일본경제의 큰 흐름을 알자

: 록히드마틴 사장의 말과 K방산: "기술 주던 韓에서 새 접근법 배워"

(중략)

록히드마틴 울머 사장은 앞으로 세계 각국이 '힘을 통한 평화' 확보에 나서면서 글로벌 방산시장이 점점 더 커질 것이라고 전망했다. 그러면서 K방산과 '차세대 플랫폼 통합', 그리고 '첨단 소재' 분야에서 협력 중요성을 강조했다. 울머 사장은 "과거에는 기술 이전으로 한국 방산기업이 얻을 수 있는 이점이 있었다"며 "현재는 한국의 항공우주 산업이 기술, 방법론 측면에서 새로운 접근법을 제시하기도 한다. 그런 면에서 본다면 록히드마틴이 (한국에서) 배울 점도 있다"고 평가했다. 그러면서 "투명성이 보장되는 양측 파트너십이 가장 많은 배움이 일어나는 지점"이라고 했다.

울머 사장은 "한국이 록히드마틴으로부터 도입한 F-35, 록히드마틴과 함께 개발한 한국형 전투기 KF-21을 서로 어떻게 연결하는지, 이러한 플랫폼을 항공 및 우주 시스템과 어떻게 통합하는지, 이러한 과제를 해결하기 위해 어떤 수준의 기술을 공유할 수 있고 어떤 기술을 연구하는 것이 적절한지 모두 중요하다"며 "로드맵을 그릴 수 있도록 양국 정부의 지원이 필요하다"고 했다. 그는 "기술 발전에 따라 불가능했던 것을 가능하게 하는 소재도 등장할 것"이라며 "이런 정보와 기술을 최대한 많이 배우고 공유하고자 한다"고 했다.

☞록히드마틴

1995년 방산기업 '록히드'와 '마틴 마리에타' 합병으로 출범한 세계 최대 방위산업체. 현존 최강 전투기 F-22(랩터), 이지스 전투 체계, 패트리엇 미사일 등을 생산한다. 2023년 말 기준 수주 잔액은 역대 최대인 1610억달러(약 221조원)를 기록했다.[2)]

1) 결국에는 고도의 단계로 가면 융합이고 연결이다

답이 안 나오는 것을 들여다보면 본다고 답이 나오지 않는다. 답이 나오지 않으면 다른 분야랑 융합해보고 거기서 또 새로운 답을 찾아야 한다. 우리는 늘 현대그룹 정주영 회장이 말한 '임자 해보기나 했어?'하는 말에 익숙하다.

일본어에서 하다는 스루 する 야루 やる. 나스 為なす 등이 쓰이지만 그것은 그냥 일반적 의미에서의 하기를 말하는 것이고 좀 더 의미가 있는 것은 합성어를 만들 때이다. 그때는 시 등이 한다는 말로 쓰이게 됨을 알아야 한다.

2) 역수출의 뿌듯함

결국 자원이 적은 우리는 수출이고 그것도 저런 식의 역수출은 뿌듯함과 자부심을 안겨줘서 가슴이 웅장해지게 한다

3) 소재 산업의 중요성

---

2) 24년11월5일 조선일보

그는 “기술 발전에 따라 불가능했던 것을 가능하게 하는 소재도 등장할 것”이라며 라는 구절이 나온다. 시간이 갈수록 소재산업은 중요하다. 과거에는 거들떠보지도 않고 그저 화학공학의 일부라고 생각한 소재라는 부분이 점점 더 중요해지고 있음에 대해서 깨달아야 한다.

일본어에서의 소재는 소재 素材 는 素材そざい. 소자이라고도 하지만 실무에서는 겐료 原料げんりょう. 라는 표현도 여전히 많이 쓰이고 있다. 중국어로는 原材料 위안차이라오 素材 수차이라고 한다.

바 Part

바게모노	化ばけ物もの 도깨비
바까리	ばかり[許り] 정도
	[비법-바는 허를 의미한다 가리는 보통의 영역이나 정도여서 여기서의 바가리는 이 자체가 바로 정도 즉 허가가 되는 허용이 되는 정도를 의미한다]
바와하라	파워하라스먼트
바이쇼	배상
부까이	-ぶかい[深い] (名詞에 붙어, 形容詞를 만듦)이 깊은
부꾸	伏 ふく·ぶく 엎드리다[종이]
	[비법-프랑스어에서 알롱제부하면 엎드리다가 된다 부가 같단 말이다]
부다	豚ぶた. 돼지
	[비법-돼지덮밥은 부타동이다. 우동이 아닌 덮밥]
부도	ぶどう[葡萄] 포도
부라부라	ぶらぶら 흔들흔들, 어슬렁어슬렁
	[비법-동등;한국어-펄럭펄럭/팔랑팔랑]
분세끼	分析ぶんせき 분석
분쇼	ぶんしょう[文章][명사] 문장
분쇼	ぶんしょ[文書]
비기	마리
비쇼	びしょう[微笑] [명사][ス자동사] 미소(=동의어ほほえみ)
비쇼	びしょう[微小] 비소

비시	びし[微志] 작은 뜻
빈보	びんぼう[貧乏] 가난한, 빈핍
빗구리	깜짝 놀람びっくり[吃驚·喫驚] [비법-동등:영어-빅big]
빗다리	ぴったり 틈이 없이 꼭 맞는 모양: 꼭; 딱; 꽉 [비법-다리가 딱의 의미를 가지고 빗은 강조의 큰 의미]
빗시리	びっしり 가득 [비법-동등: 한국어-실하다-빗은 강조의미]

사 Part

사가나	魚 さかな 물고기 생선〈逃がした魚は大きい にがしたさかなはおおきい: 놓친 물고기가 크다 [비법-사가, 사게는 흐르다 아래로 흐르다는 의미 나는 고대에서 물건을 의미하는 말이다 [비법-사케는 식힌다의 어원. 사케와 같이한 것이라서 물고기 생선] [비법-사카(아스날선수)-회물고기를 엄청 좋아한다고 봐야해] 암기해설: 사가나라는 이름이 붙은 회집도 한국에 많다.
사가이	界 계
사게루(1)	さげる[下げる]1.내리다 2.(위치·값 등을) 내리다 3.내려주다; 하사하다; 관청에서 민간으로 넘겨주다(↔반의어上げる) [비법-사게는 술이다 원래 흘러내린다. 즉 뭔가 새로운 게 흘러내린다는 의미가 되어서 같은 어원을 가진다]
사게루(2)	さげる[提げる][하1단 타동사] (손에) 들다 [비법-사게가 아래나 (술이)흐른다에서 보듯이 이것도 손에 드는 것도 결국은 몸 아래 두는 것이다]
사꾸	さく [裂く]찢다 [비법-사꾸라도 꽃망울이 터지는 듯한 꽃이라서 그렇게 부른다]

사꾸	さく [咲く] 피다
사끼(니)	さき[先] 사끼(니)
	[비법-관련의태어:한국어-삭삭삭(빠져나가다)
사끼모노	선물
사끼호도	さきほど[先程] 방금 전
사또	さとう[差等]
사또우	설탕 さとう[砂糖]
사라메시	サラメシ샐러리맨의 점심 「サラリーマンの昼飯」의 약어
사라우	さらう[攫う] 채가다, 납치하다
	[비법-동등:한국어-(사)라부치하다(랍치)
사루	去さる. 떠나다
	[비법-동등;한국어-살(목숨이떠나다,끝나다)
사루	원숭이
사마수	さます[覚ます·醒す] 깨다; 깨우치다; 깨우다
	[비법-동등:영어-스마시:smash]
사메루	さめる[覚める·醒める] 각성하다, 눈을 뜨다
	[비법-사마수에서 유래하다]
사미시이	さみしい[寂しい·淋しい]외롭다(사비시이랑 비슷)
사베쯔	차별
사비시이	외롭다[인생노래-내 마음은 외로운 풍차]
사사꾸	ささく[差錯] 틀림 착오
사세루	하게하다
사스	찌르다 刺さす

	[비법-사는 자에서 나온다 찌를 자 자상할 때의 자 이다]
사스	꽂다,박다 挿 さす
	[비법-이는 刺さす 에서의 논리가 그대로 적용이 된다]
사와루	더듬다 닿다 손대다 觸
	[비법-관련목적어:한국어-자화루접촉하다
사요	작용
사요나라	'이대로 끝내시지요'의 의미
사이가이	재해 災害
사이겐	さいげん[再現][명사][ス자·타동사]재현(함);재현시킴
사이겐	さいげん[際限][명사] 제한; 끝; 한(한문투의 말씨)(=동의어かぎり)
사이겐	さいげん[再言][명사][スタ동사] 재언; 거듭 말함
사이겐	さいけん[再建][명사][スタ동사] 재건
사이겐쇼	재검정
사이교	최강 最强
사이까이	さいかい[再会]재회
사이까이	さいかい[再開][명사][スタ·자동사] 재개
사이닌시끼	再認識さいにんしき; 재인식
사이따`	최다
사이다이	최대
사이데이	最低さいてい 최저
사이방	さいばん[裁判] 재판
사이세이	さいせい[再生] 재생

사이쇼	최초
사이쇼	최소
사이쇼	재상
사이슈	최종
사이슈	채집
사이시	제사
사이시	처자
사이신	최신
사이신	세심
사이쵸사	再調査さいちょうさ 재조사
사이하쯔	さいはつ[再発] 재발
사쯔가이	さつがい[殺害] 살해
사쯔에이	촬영 さつえい[撮影]
사쯔진	살인
산가쯔	さんがつ[三月] 삼월
산고꾸	잔혹 [나의 영화-말죽거리잔혹사]
산죠	さんじょう[参上] 뵈러감
삿긴	살균
삿사도	さっさと[부사] 망설이거나 지체하지 않는 모양: 빨랑빨랑; 척척; 데꺽. 휙 [비법-동등;한국어-사사삭]
삿소꾸	さっそく[早速] 즉시
샤가무	しゃがむ 웅크리다 [비법-동등:영어-scrooch :슈구루치]
샤쿄꾸가	作曲さっきょく家か 작곡가

샤꾸루	しゃくる[杓る·抉る] (수예 등을)뜨다 [비법-동등:한국어-삽(국자):그래서 한국말로는 작(국자작)이고 일본어는 샤꾸가 된다
샤베루	しゃべる[喋る] 재잘거리다 [비법-이게 쪼아먹을 잡이다 그래서 중국말로는 쟈라고 하고 이게 요즘은 샤가 되어서 샤베루가 된 거다]
세루	협박하다 せる[迫る] [비법-이 단어는 원래 세마루에서 나왔다. 세마는 가까이에 와서 다가가는 모양이다. 협박도 다가와서 한다]
세마이	좁은 せまい[狭い] [비법-동등:영어-세마이semi:반으로 좁은
세비루	せびる 조르다, 강요하다 [비법-동등;한국어-세비어서강제로조르다]
셋수루	せっする[接する] 접하다 [비법-세마에서 보듯이 세는 접근적 의미이다]
소텐	争点そうてん 쟁점
소또	외부 そと[外] [비법-동등:영어-사(이)또:side
소로소로	そろそろ 1.슬슬(=しずしず) 2.천천히 [비법-동등;한국말-솔솔/슬슬
소모소모	そもそも[抑] 처음에 [비법-소모는 도대체 대관절이라는 말에서 시작을 한다. 이는 소는 그것이고 모는 '도'라는 조사이기

	에 도대체 그게 뭐라도 라는 식으로 변형이 된 것이다. 그래서 소모는 원래 아주 근본적이고 근원적인 것을 따진다는 의미가 들어있다]
소무꾸	そむく[背く·叛く] 등지다
	[비법-원래 이 단어는 세무구에서 출발을 한다. 세무는 가죽은 아닌데 첫에 강하게 등지는 물건을 말한다. 그 세무구에서 소무구로 바뀌었다]
소오	そうおう[相応] 상응
소우교	創業そうぎょう 창업 (다이소도 창고 창)
소우까이	そうかい [爽快] 상쾌
소우꼬	총합
소유	そうゆう[曾遊][명사] 증유; (일찍이) 가 본 일이 있음
소유	そうゆう[争友][명사] 쟁우(諍友); 충고해 주는 친구
소유	そうゆう[総有][명사] [법률]총유; 각자의 지분(持分)은 정하지 않고 공동으로 소유하는
쇼까	소화 消火
쇼까이(1)	しょうかい[紹介] 소개
쇼까이(2)	商会しょうかい.
쇼까이	장해
쇼깐	しょうかん[召喚][명사][ス타동사][법률] 소환
쇼깐	しょうかん[消閑][명사] 소한; 파적; 심심풀이
쇼깐	しょかん[所感][명사] 소감; 감상; 마음에 느낀 일
쇼깐	しょかん[所管][명사][ス타동사] 소관
쇼껜	증권
쇼꾸도	しょくどう[食堂] 식당

쇼꾸신	しょくしん[触診] 촉진, 손으로 만져서 진료함
쇼꾸힌	食品しょくひん 식품
쇼데	しょて[初手] 최초
쇼다이	쇼다이しょうたい[招待] 초대
쇼데이	しょてい[所定] 소정
쇼뎅	焦点 촛점
쇼도	しょうどう[衝動] 충동
쇼따이	->쇼다이
쇼라이	장래
쇼라이	초래
쇼모	しょうもう[消耗] 소모
쇼모	しょもう[所望]
쇼보	소방
쇼분	しょぶん[処分] 처분
쇼분	しょうぶん[性分][명사][노인어]성분; 천성
쇼분	しょうぶん[小文][명사] 소품문(小品文); 짤막한 문장
쇼비	장비
쇼사이	상세
쇼센	しょせん[所詮] 어차피 필경
쇼센	초선 初選
쇼신	しょうしん[昇進·陞進][명사][ス자동사] 승진
쇼신	しょしん[初心] 초심; 처음으로 배움; 아직 미숙함
쇼죠	象徴 상징
쇼지	작은 일
쇼지	상사

숀보리	しょんぼり 풀이 죽어 쓸쓸히
숏바이	しょっぱい[塩っぱい] 짜다
수치	すうち[数値] 수치
수카이	수회
수킨	출근 出勤
슈	취, 냄새
슈가쯔	終活
슈깐	習慣습관
슈깐	週刊
슈깐	主觀
슈낀	しゅうきん[集金] 집금, 수금
슈노	収納しゅうのう 수납
슈닌	しゅにん[主任] [명사] 1.주임. 2.공무원의 직명의 하나(보통은 사등급(四等給)임)
슈닌	しゅうにん[就任] [명사][スル자동사] 취임(↔반의어 辞任·退任·離任)
슈단	집단
슈뎅	종점
슈반	しゅうばん[終盤][명사] 종반(선거·바둑 따위의)
슈빤	出版 출판
슈쇼꾸	취직
슈이끼	祝儀しゅうぎ 축의
슈쬬	出張しゅっちょう 출장
슈후	主婦しゅふ 주부
슛가이	しゅっかい[出会] 만남

숫쯔멘 熟眠じゅくみん; 숙면

스게베 すけべえ[助平·助兵衛] [명ノナ] [속어] 호색함; 호색가; 색골; 엽색가; 음란하고 상스러움

스껫도 도와주는 사람 助

스구니 すぐに[直ぐに] 곧, 바로

스구루 すぐる[選る] 뽑다

[비법-맛스구라고 하면 쭉 바로의 의미를 가진다 그래서 거기서의 맛은 眞이 된다, 거기서 나와서 스구는 직진을 의미하고 여기서의 스구루에서의 스구도 뽑아서 그 선택한대로 쭉쭉 나아감에 대한 것이다.

스끼 좋아함

스끼 すき[透き]틈

스끼도오루 すきとおる [透き通る·透き徹る]투명하다

[비법-투는 여기서 스꾸 또는 스끼가 되고, 도오루는 통하다는 의미가 되어서 투명함 또는 비침이 통한다는 의미이다]

스렌다 スレンダー(slender, 슬렌더) 날씬한

스루 문지르다 비비다 する[擦る]

스루도이 するどい[鋭い] 예리하다

스메루 スメル(smell, 스멜) 악취, 냄새

스무 すむ[住む] 살다

스이또 スイート(sweet) 스위트

시끼모 しきもう[色盲] 색맹

[비법-색은 시끼 맹은 모로 발음이 되어서 형성이 되었다]

시낀	자금 [비법-시는 자이고 금은 긴이다]
시나가라	しながら[品がら·品柄] 품격
시나레루	しなれる[し慣れる·為慣れる·為馴れる](자주)해서 익숙해지다; 숙달되다; 무르녹다 [비법-이 단어 시나레루를 설명키 위해서는 한자 관을 사용하지만 단어의 형성에서는 습이 쓰였다 익숙해짐이다. 習: 그 습이 신나로 변화를 한 것이다]
시네루기스트	협력기관 [비법-시너지스트가 일본식으로 풀어서 나온게 이것이다]
시노부	しのぶ[忍ぶ] 몰래하다 {은밀, 비밀, 몰래}-종합 [비법-이 단어의 핵심은 인(은)이다 그런데 그게 일본식으로 발음을 하면 어렵다 그래서 신이 그나마 되는데 동사의 원형은 신부 라는 식으로는 안된다. 그래서 응의 아래 받침의 노를 붙여서 시노부가 된다]
시미루	しみる[染みる·滲みる]스며들다 [비법-스며가 시미가 된 것이다 즉 우리나라 훈독이 일본어에 훈독으로 작용한다]
시부꾸	しぶく[重吹く·繁吹く]물보라 치다 [비법-부꾸는 불다인데 불다의 취에서 나왔다. 일본어는 주 나 추 같은 발음이 드물어서이다]
시쯔몬	質問 질문

시찌	しち[質] [명사] 전당물 (=동의어質物·かた)
시찌	しち[死地][명사] 사지
시찌	아버지
시카모	しかも[然も·而も]게다가
신	심 心
신겐	しんげん[震源][명사] 진원
신겐	しんげん[箴言][명사] 1.잠언 2.훈계(訓戒)의 말[구(句)]
신겐	しんげん[進言] [명사][スㅌ동사] 진언 (=동의어具申)
신겐	しんげん[森厳][명ノナ] 삼엄; 매우 엄숙한 모양
신사이	しんさい[震災] [명사] 진재; 지진에 의한 재해(災害)
시즈가	고요 [비법-시즈메루참조] [비법-가는 상태를나타내는명사]
시즈메루	しずめる[静める]조용히 하다 진정시키다 [비법-시는 뭔가 의하다 의미 즈는 부정 그래서 무엇을 하지 않아서 조용]
시즈무	しずむ[沈む]1.가라앉다 (↔반의어浮く·浮かぶ) 2.(해·달이) 지다.(↔반의어昇る)
쓰고꾸	すごく[凄く] 상당히 몹시 [비법-쓰고이에서]
쓰고이	굉장한 [비법-쓰구는 지나다 넘다의 過의 동사이다. 쓰구가 쓰고가 된 것]

세계경제 미국경제 일본경제의 큰 흐름을 알자

: 빅테크 AI 투자 급증… 직원들은 해고 공포 커져

자원 효율화 명목 구조조정 가능성

미국의 빅테크 기업인 아마존·마이크로소프트(MS)·메타·알파벳의 올 한 해 자본지출 규모가 2000억달러(약 276조원)를 돌파할 것으로 예측됐다. 이는 전년 대비 42% 늘어난 규모다. 생성형 인공지능(AI) 시장을 선점하기 위해 값비싼 엔비디아의 최첨단 AI가속기를 경쟁적으로 구매하고, 데이터센터 증축 등에 천문학적 돈을 투입했기 때문이다. 이 때문에 자금 압박에 시달리는 빅테크들이 내년에 '자원 효율화'를 명목으로 대규모 해고에 나설 수 있다는 전망이 제기된다.

1일 파이낸셜타임스(FT)는 시티은행의 보고서를 인용해 4대 인터넷 빅테크의 총 자본 지출이 올해 2090억달러에 달할 것이라고 전망했다. 시티은행은 전체 지출의 80%가량이 AI 데이터센터 관련일 것으로 분석했다.

실제 빅테크 기업들의 지난 3분기 실적 보고서를 분석해 보면, 공통적으로 자본 지출이 큰 폭으로 늘었다. 구글의 모회사 알파벳은 전년 동기 대비 62% 늘어난 130억달러, MS는 50% 늘어난 149억달러, 아마존은 81% 늘어난 226억달러를 썼다. 보통 빅테크의 연간 자본 지출 성장률은 10~20% 선이다. 블룸버그통신은 "빅테크 기업들은 올해 전례 없는 자본 지출 규모를 기록했지만, 각 기업은 내년에도 이처럼 자본 지출을 늘릴 것"이라고 전망했다.

1) 음이 있으면 양이 있다

무슨일이든지 음이 있으면 양이 있다. 빅테크와 에이아이로 번성하는 시장이 있으면 죽는 시장도 있고 그로 인한 인력 변동도 크게 나타난다.

2) 반드시 빅테크와 기존 산업을 접목시키는 시도를 해야 한다

그냥 한순간에 기업이 아니면 한순간에 산업자체가 날아가 버릴 수도 있다. 그래서 무서운 것이다.

고와이	こわい [怖い·恐い] 무섭다 [비법-고와는 훈독으로 우리의 공포이다, 그들은 공 같은 받침이 없다보니 자연스럽게 공이 고가 된다. 아니면 허사적 어두로 봐도 된다]

아 Part

아까루이	밝은
	[비법-빨갛다에서나와서 아까 아끼등은 붉은색]
	[과거에는 밝은 것이 해나초의 붉은 색이다. 그래서 붉은게 밝은 것]
아꼬	턱 顎
	[비법-턱 악이다]
아끼라메루	あきらめる[諦める]체념하다, 단념하다
아끼바레	あきばれ[秋晴(れ)] 가을의 쾌청한 날씨
아니	あに[兄] 형, 오빠
아다리마에	あたりまえ[当(た)り前] 일상적인 일
아다다까이	따뜻하다
아다다메루	あたためる [暖める·温める] 데우다[아다다까이에서]
아다리 (1)	あたり[当(た)り]1.(손·혀에 닿는) 촉감; 감촉(느낌·맛) 2.사귀는 품; 붙임성 3.짚어 봄 [일본에서 본 광고]
아다리 (2)	あたり[辺り] [명사] 1.근처; 부근; 주변; 언저리
아도	あと[後] 뒤
아도	あと[跡] 유적(遺蹟)
이리시	あらし[嵐] 폭풍우
	[비법-폭풍우 아라시라고 하는 일본 아이돌 그룹이 있었다]
아지	맛
아지	전갱이
	[비법-일본의 조미료에는 아지노모노라는 말이 쓰

인다. 아지라는 말이 맛이기 때문이다. 그런데 보통의 국물에는 전갱이말린 것을 많이 쓰기도 하니 중의적으로 암기]

아지와이	あじわい[味わい] 맛있는
아쯔마루	あつまる[集まる] 모으다
	[비법-쯔마가 집이다 모은다는 의미가 된다]
아히루	오리
앗도	圧倒あっとう 압도
야	や[矢·箭] 화살(화살 시)
얏도	やっと 간신히
	[비법-'야도'(술래잡기 놀이)해서 간신히 성공했다 봐야해]
엔도쯔	えんとつ[煙突] 굴뚝
엔따메	エンタメ 엔터테인먼트
엔분	えんぶん[塩分][명사] 염분(=동의어塩気)
엔분	えんぶん[艶聞][명사] 염문
엔이끼	연역
에이세이	위생
엔지	えんじ[園児] 유치원 원아
오	お [尾] 꼬리
오가미	おかみ[内儀·御内儀 1. 남의 아내(주로 상인(商人)의 아내) 2.[속어]마누라; 여편네.(=동의어かかあ·妻·細君)
오가스	범하다 おかす [犯す]
	[비법-오가가 더해져서 우리말의 '해'와 유사하게 된 것이라고 봐야 한다]

오가시	おかし[お菓子] 과자
	[비법-이는 아주 간단히 해결된다. 오는 별칭으로 붙은 접두사가 가는 과 자 는 시로 보면 된다]
오구루	보내다(送)
	[비법-오구루반또-보내기번트]
	[버법-오구가 우리에게는 송 이다 '온'이나 '손'의 발음은 일본어에 없기 때문이다. 오꼬루는 驕 교가 되어서 거만하다가 됨에 비교해서 유의해야 한다]
오꾸	두다 おく[置く]
오꾸	억 億おく
오끼루	일어나다 起 {일으키다, 자극, 선동} (소리 혼동: 오꾸 오끼루 오루)
오누	숨기다 隠 おぬ
오니	おに[鬼] 귀신
	[비법-오니(おに)라는 말은 오누(おぬ)가 변한 것으로, 원래 모습이 숨겨져(隠おぬ)있어서 그렇다]
오도도시	おととし[一昨年] 재작년
오도로꾸	おどろく[驚く·愕く·駭く] 놀라다
오도스(1)	おどす[脅す·威す·嚇す] [5단활용 타동사] 으르다; 위협하다; 협박하다; 등치다 (=동의어おどかす)[가능형]おど-せる
오도스(2)	おとす[落(と)す] 떨어지다
오도시	かかし; 威おどし 허수아비
오루	내려오다
	[비법-아게루는 올라가다이고 오루가 내려오다라고

	암기를 하면 혼동스러운게 오루가 올 아닌가 하는 생각이다. 그런데 우리말의 위 는 일본에서는 아가 된다. 그리고 오루가 아래가 된다. 그렇게 생각하면 훈독이 좀 더 쉽게 이해가 된다]
오마게니	おまけに[お負けに] 게다다
	[비법-오는 붙이는 접두사,
	마게루는 부담주다, 더하다, 빚지다가 되어서 더해서라는 의미가 된다]
오메이	오명
오모데나시	お・も・て・な・し[お持て成し] 환대
오모우	생각하다
오모이	무겁다
오모이	생각
오못데 구다사이	오모스(되돌려)주십시오
오시에루	가르쳐주다. 예시문: 그룹 퀸 노래 愛しき 教えを抱き (Itoshiki Oshie o idaki)"
	[비법-교가 오또는 오시가 된다. 우리말의 교는 일본어에서는 바로 교로 가지는 않는다]
오하나	おはな[お花]꽃꽃이
오후로	おふろ[お風呂]
온나	온나 [나의 유저-征服された女たち]
온세이	音声おんせい 음성
옷도	남편 夫
옷샤루	おっしゃる[仰る·仰有る]
와	-わ[羽] 새·토끼 따위를 세는 말 : 마리

와까이	젊다 若 {어리다, 젊다, 늙다}
와까이	파괴
와라와라	어지러운 모양'와라와라 어지럽다(미나엄마)'
와라우	웃다 笑 わらう-세세라와라우도 참조
	예시문: 笑いなよ 와라이나요. 웃어봐(긴기라기니노래)
와루	わる[割る·破る] 나누다 벗기다
와루이	わるい[悪い] 나쁘다
와비루	わびる [詫びる] 사과하다
와소	일본복장
와쇼	わしょ[和書] 일본어로 쓴 책
와스루	和 잘지내다
와시	독수리
와시	나. 예문: 와시니모 나에게도
와이세쯔	わいせつ[猥褻] 외설
요우야꾸	ようやく[漸く] 간신히(점점)
요우이	용의 준비 ようい[用意]
	[비법-이 말은 말 그대로 풀어주는 것이다]
요우후구	ようふく[洋服] [명사] 양복(↔반의어 和服)
요이샤	용의자
요진	(ようじん、用心) 주의 (예: 도둑놈 주의)
요쯔요쯔	아장아장
욘다이	よんだい[四大] 4년제 대학
욘반	4번 四よん番ばん
우게루	うける[受ける] 받다, 접수하다
	[비법-우게루에서의 우는 우리말 수이다. 접수이

다. 받아들임이다]

우게즈게 접수 受付

우다 노래

[비법-우다우가 노래 부르다]

우라나이시 점쟁이 うらないし[占い師·卜師]

우라야마시 うらやましい[羨ましい] 부러워하다, 샘나다

[비법1-우라야마와 같이 암기]

[비법2-동등:한국어-부러워]

우라야무 うらやむ 羨 부러워하다, 샘내다

[비법-우라는 마음, 속마음이고 야무는 앓다의 의미를 가진다(소리 일치) 그래서 이는 마음속으로 병들아 앓다 그래서 부러워하다 샘내다이다]

[비법-우라야마시에서 같이 암기한다]

우레시이 うれしい[嬉しい] 기쁘다

[비법-이는 희와 관련이 되다

우루사이 うるさい[煩い·五月蠅い] 시끄럽다, 번거롭다, 귀찮

[비법-우루루쾅쾅쾅하는 것을 음독으로 해서 한다: 그러니 시끄럽고 번거롭다]

우메루 묻다 うめる[埋める]

[비법-매몰,음(陰)등에서 보듯이 엠/미음소리는 뭔가 묻어버림을 의미한다. 그래서 우메로도 묻다 埋이다. 우메보시가 매실(우매)를 말린 것이다(호스, 우리말로는 허라고 생각]

우무 うむ[生む·産む] 1.(아이·새끼·알을) 낳다. 2.(없던 것을) 만들어 내다. [가능형]う-める[하1단 자동사]

[비법;동등:한국어;움트다]

우무	うむ[有無] [명사] 유무
우무	うむ[倦む] [5단활용 자동사] 싫증나다; 지치다 {지치다, 짜증나다, 피로}
우무	うむ[膿む] [5단활용 타동사] 곪다(=동의어化膿する
우무	うむ[熟む] [5단활용 자동사] (과일이) 익다 (=동의어 熟れる)
우사	うさ[憂さ] 근심
우사기	うさぎ[兔·兎] 끼
우시나우	잃다(失) 선거에 많이 나오는 표현 [비법-동등:한국어-유실하다
우시로	うしろ[後ろ] 뒤 [비법-동등:한국어:후시(뒤)]
우에지니스루	飢うえ[かつえ]死じにする 굶어죽다 [비법-우에루와 시누 즉, 죽다가 결합]
우와사	うわさ[噂] 소문, 풍문 [비법-동등:영어-루뫄rumor]
우에루	심다 植 [비법-관련목적어;영어-우wood]
우에루	굶다 飢 [비법-동등:중국어-饿:우어(으에)
우즈마끼	うずまき[渦巻(き)] 소용돌이(치기) [비법-渦는 소용돌이와]
우쮸	うちゅう [宇宙] 우주
우쯔구시이	うつくしい [美しい] 아름답다

	[비법-동등:영어-good (to) see
우쯔루	うつる[写る] 비추다 {빛나다}
우쯔루	이동하다 移 {옮기다, 이주하다}
우쯔수	写 그리다 {쓰다}
우쯔수	うつす[移す][5단활용 타동사]1.옮기다 2.자리를 바꾸다
우쯔수	うつす[映す][5단활용 타동사] (거울·물 위·스크린 따위에 모습·모양·그림자를) 비치게 하다
우쯔수	うつす[撮す][5단활용 타동사] (사진을) 찍다[박다]; 촬영하다
유구에	ゆくえ[行方]행방
유꼬	ゆうこう[有効] [ダナノ] 유효; 유익(↔반의어無効)
유꼬	ゆうこう[友好] [명사] 우호
유꼬	ゆうこう[有功] [명사] 유공
유라유라	ゆらゆら[부사] 비교적 가벼운 것이 천천히 흔들리는 모양: 한들한들; 흔들흔들; 하늘하늘 [비법-동등:한국어-이리저리]
유루수	ゆるす [許す] 1.허가[허용]하다; 허락하다. 2.(본디, 免す·赦す로도) 용서하다 [비법-동등:한국어:윤허]
유즈루	ゆずる[譲る] 물려주다, 양도하다 [비법-동등:한국어-留유주려하다]
유다가	ゆたか[豊か] 풍부함 [비법-동등:한국어:여유다]
윳다리	ゆったり 헐겁게; 낙낙하게, 여유 있게 [비법-동등:한국어-여유다]

이가무	いがむ[啀む] 으르렁 거리다 [비법-관련의태어또는동등:한국어-이글이글하듯이 그 어감으로 생각]
이가세루	살리다 活 [비법1-이는 생명 생활의 의미의 단어이고 가세루는 구조상 가스와 같은 의미로 쓰인다. 그런데 가스 자체가 무엇을 주다건데다 좋게 해주다의 의미를 가진다: 그래서 생영을 주다 의미가 된다]
이가이	いかい[厳い][형용사]1.거칠다; 용맹하다 2.크다; 많다; 대단하다 [부사] 심히; 매우 [비법1-이가는 이글이글과 같은 강한 느낌의 단어이다]
이게루	いける[生ける·活ける][노인어]살리다; 살게 하다 (=동의어いかす) [비법-이는 생명이고 생명이 잘 진행되게 하는 것이다]
이게루	いける[行ける] 상당히 잘하다; 상당하다 [비법-이는 여기서 가다 그것도 그냥이 아니라 잘가다 즉 go well 이다 그래서 잘기게 하다가 되어서 잘하다이다]
이게루	いける[埋ける] (파)묻다
이까이	いかい[厳い]용맹하다 대단하다
이깐(1)	いかん[遺憾][명ノナ] 유감
이깐(2)	いかん[如何·奈何][명사] 여하
이께나이	いけない [不可ない]좋지 않다; 나쁘다

	[비법-관련주어-궁합지게(궁합의원어)-나쁘다]
이까가쯔	생활
이끼오이	いきおい[勢い] 세력, 기운참, 기세 [비법-이가세루나다의 이가세루처럼 이가 들어가면 세력 생명을 의미한다]
이나고	イナゴ(蝗) 메뚜기 [비법-이네가 벼이다 그래서 벼에 오는자이다]
이나스	いなす[往なす·去なす] 돌려보내다, 다른데로 보내다
이나이	いない[以内] 이내
이네	いね[稲] 벼
이다스라(1)	いたずら[悪戯]1.(짓궂은) 장난; 못된 장난 2.몸가짐이 헤픔 3.자기가 한 짓의 겸사말 [비법-동등:프랑스어:파스-farce-이것은 원래 빡빡하게 속을 채우는 재미있는 조크]
이따구	いたく[居宅][명사] 주거(住居)
이따미	아픔
이루	いる [要る·入る] 필요하다
이루이	いるい [衣類] 의류
이루이	いるい[異類][명사] 1.이류 2.다른 종류
이루이	いるい[遺類] 살아남은 무리; 여당(餘黨)
이리	들어감
이부꾸	いぶく[息吹く] 호흡하다 [비법-관련주어:영어-부레로(가)숨쉬다breathe-육상동물은 허파로 물고기는 부레로]
이비끼	いびき[鼾][명사] 코고는 소리

[비법-이부꾸에서 유래했다고 보면 된다]

이사마시이 いさましい [勇ましい] 활발하다

[비법-이는 活 이나 生의 단어]

이소가시이 忙いそがしい 바쁘다 {한가하다}

[비법-活 이나 生의 단어]

이스 의자

이시 석 石

이시모찌 いしもち[石持·石首魚] 조기

이시키 いしき[意識] 의식

이와 いわ[岩·磐·巌·石] 큰 바위

[비법-동등:중국어-암:이얀]

이와레 いわれ[謂れ] 까닭, 내력(謂는 일본식 한자, 원래 발음은 이이인데 레가 붙어서 이와레)

[비법1-관련동사:궁금하다-이태리어-ansioso-안시와소]

[비법2-동등:한국어-와(그)래]

이요꾸 意欲いよく 의욕

이요이요 いよいよ[愈·愈愈·弥弥] 1.점점; 더욱더 (=동의어ますます) 2.드디어; 결국(=동의어とうとう·ついに)[일반-愈는 우리나라식 한자는 아닌 일본식 한자이다. 이 말 자체가 점점 할 때의 점의 의미를 가진다]

이이나스 いいなす[言いなす·言い做す] 그럴듯하게 말하다

이이메 いいめ[いい芽·いい目·好い芽·好い目] 행운

[비법-메는 눈이기에 좋게눈이 가는 것]

이인 위원

이자 いざ '자'

이지　　　　　　유지

이죠　　　　　　以上いじょう 이상

이쯔　　　　　　いつ[何時] 어느 때

이찌꼬　　　　　いちご [苺·莓] 딸기

[비법-띨기가 한 개의 열매의 형태 한입의 형태라서「いちご」(一粒) 라고 불리운다]

잇다이　　　　　いったい[一体][부사] 1.전반적으로; 대체로; 원래 2.의문의 뜻을 강하게 나타내는 말: 도대체; 도시 都是)

[비법-다이가 몸이니 일체로서 전반을 보는 것은 분명하다]

잇단　　　　　　일단 いったん[一旦]

[비법-이 말은 한글이나 일본어나 비슷하다]

세계경제 미국경제 일본경제의 큰 흐름을 알자

: AI가 쏘아올린 '대이직': AI 활용 근로자 수요 급증… 고용시장 대변화 시작

인공지능(AI)으로 인한 '대이직 시대'가 시작됐다. 기업들이 AI 관련 업무 경험이 있는 이들을 높은 연봉에 대거 채용하고, 다른 한편에선 AI가 기존 업무를 대체하면서 일자리를 위협받는 이들이 양산되고 있다. 이들이 연쇄적으로 움직이면서 고용 시장이 재편되고 있다. 24일 글로벌 컨설팅 업체 PwC가 세계 50국 5만6000여 근로자를 대상으로 한 설문조사에서 응답자

의 28%가 향후 1년 내 이직할 가능성이 높다고 답했다. 흔히 '대사직(The Great Resignation) 시대'라고 불리던 코로나 팬데믹 때인 2022년 19%, 2023년 26%보다 높은 수치다. AI가 '일자리 이동' 현상을 더 심화시키고 있는 것이다.

국제통화기금(IMF)은 AI가 향후 2년 내 선진국 일자리의 60%, 세계 일자리의 40%에 영향을 미칠 것으로 내다봤다. 구인·구직 시장에선 AI 기술을 가진 사람을 1군 인재, 없는 사람을 2군 인재로 분류하기도 한다. 크리스탈리나 게오르기에바 IMF 총재는 "우리가 (AI를) 잘 관리하면 생산성을 엄청나게 높일 수 있지만 우리 사회에 더 많은 불평등을 가져올 수도 있다"며 "AI가 쓰나미처럼 세계 노동시장을 강타하고 있다"고 말했다.

◇AI 관련 직무, 임금 25% 높아

AI가 기업의 핵심 경쟁력을 좌우하다 보니, 기업은 AI 인재 확보에 혈안이 돼 있다. 애플, 구글, 메타, 마이크로소프트, 오픈AI 등 주요 기업들은 생성형 AI 개발자를 500여 명 구인하고 있고, AI로 범위를 더 넓히면 1700여 명에 달한다. AI 개발자뿐 아니라 AI를 활용할 수 있는 'AI 의료 영상 전문가' 'AI 교육 컨설턴트' 'AI 콘텐츠 전략가' 같은 새로운 직업들도 생겨나고 있다. 기업은 이들에게 더 높은 연봉을 제시하고, AI 기술을 가진 직원들은 고액 연봉을 좇아 회사를 옮긴다. PwC에 따르면 미국에서 AI 관련 직종은 유사한 직무보다 임금이 25% 높은 것으로 나타났다.

AI로 인한 일자리 대체도 현실화되고 있다. 인도 전자상거래 업체 두칸(Dukaan)은 지난해 고객 상담 직원 가운데 90%를 해고하고 이들을 AI 챗봇으로 대체했다. 영국 통신회사 BT도 2030년까지 5만5000개 일자리를

줄이는 대신 AI로 1만 명을 대체하겠다고 밝혔다.[3)]

1) 가상현실이 점차로 진짜처럼 되면 상담원도

이제 점점 가상현실적 동영상이나 그래픽에 깜박 속아 넘어가는 시대가 되고 있다. 이제 이미지도 점점 사실화 되면서 그 다음으로는 음성의 시대다. 그것도 인간에 비슷하게 갈 날이 얼마 남지 않았다.

2) 빈익빈 부익부

이런 시대일수록 이런 격변의 시대일수록 결국 빈익빈 부익부이다. 이럴 때는 자산이 어디에 키를 쥐는가가 중요하다.

3) 구인·구직 시장에선 AI 기술을 가진 사람을 1군 인재, 없는 사람을 2군 인재로 분류하기도 한다.

결국 프로그래밍을 할 줄 알거나 이해를 할 수 있어야 한다. 그런데 결국 프로그래밍은 또 하나의 외국어이다. 그러기에 늘 외국어를 자유자재로 휘두를수 있는 능력과 수단이 중요하다.

---

3) 조선일보 2024.06.26.

자 Part

잔넨	ざんねん[残念] 억울함, 분함
자라자라(도)	ざらざら주르르
	[비법-동등;한국어-주르주르
쟈꾸호우	釈放しゃくほう (=석방)
쟈리	じゃり[砂利] 아이
쟌겐	じゃんけん[じゃん拳] 가위바위보
쟌또	분명히 ちゃんと
	[비법-우리도 뭘 제대로 하면 짜잔 하고 하듯이 일본어도「ちゃんとした」의 제대로 했다에서 줄어든 형태이다]
제꼬	정권
제이다꾸	ぜいたく[贅沢] 사치 돈을 많이 씀
	[비법-이 말 자체가 음독의 단어임]
젠가꾸	전액
젠고	ぜんご[前後] 전후
젠고꾸	ぜんこく[全国] 전국
젠교꾸	ぜんきょく[全局] 전국, 전국면
젠따이	전체
젯따이	絶対ぜったい 절대
젠인	전원
젯쬬	절정 絶頂 ぜっちょう [絶頂]
조	ぞう [象] 코끼리
조구세쯔	ぞくせつ[俗説] 속설

조로조로	ぞろぞろ 1. 많은 사람이 잇달아 비교적 천천히 움직이는 모양: 줄줄 2.길게 끌리는 모양: 질질 [비법-동등:한국어-졸졸
조우에끼	ぞうえき[増益] 증익, 이익이 늘어남
조코	주행 [예시문] 지리쯔조코 自律走行 자율주행
좃도	ぞっと [부사] 춥거나 무서워서 소름이 끼치는 모양: 오싹
죠	じょう[上][명사] 1.상 2.위 [접두] 1.훌륭한; 좋은 2.위의 (↔반의어 下)
죠	じょう[状][명사] 1.모양 2.상신서(上申書) [접미] 1.…상; …모양 2.…장; 편지; 서류
죠	じょう[場] [명사] 1.장소; 곳; 회장(會場) 2.(接尾語적)…장
죠가꾸세쯔	수확절 (추수감사절)
죠간	長官ちょうかん 장관
죠겐	じょげん[助言][명사][ス자동사] 조언
죠겐	じょげん[序言] 서언
죠꼰	じょこん[如今] 지금
죠닌	승인
죠다이(죠따이)	じょうたい[状態][명사] 상태
죠다이	じょうたい[情態][명사] 정태; 외면과 내면의 상태.
죠다이	じょうたい[上体][명사] 상체; 상반신 (↔반의어 下肢
죠다이	じょうたい[常態] 평상의 상태
죠데끼	じょうでき[上出来] 뛰어남, 훌륭함, 특제품
죠마에	じょうまえ[錠前] 자물쇠

죠세이	여성
죠세이	정세
죠세이	조성
죠세쯔	じょうせつ[常設] 상설
죠센	ぞうせん[造船] 조선
죠센	じょうせん[乗船] 승선
죠센	じょうせん[上船][명사][スㅈ동사] 상선; 승선; 배를 탐
죠시	여자 じょし[女子]
죠시	여사
죠시	じょうし[上司] [명사] 상사
죠시고세이	여고생
죠야꾸	条約じょうやく. 조약
죠에끼	징역
죠오	코끼리
죠우	チョウ(蝶) 나비
죠이	상위
죠인	上院じょういん.(↔반의어 하원) 상원
죠죠	조장 助長
죠죠	じょうじょう[上上] 가장 좋음; 더할 나위 없이 좋음
죠죠니	じょじょに[徐徐に] 천천히
죠즈	상수, 고수
죠지	상시
죤분	ぞんぶん[存分] 뜻대로, 마음대로
쥰꼬	じゅんこう[巡航] 순항
쥬깐센교	중간선거

쥬게이	중계
쥬겐세이	受験じゅけん生せい[者しゃ] 수험생[자]
쥬게쯔	충혈 充血
쥬교	住居じゅうきょ 주거
쥬교	授業じゅぎょう 수업
쥬교인	従業じゅうぎょう員いん 종업원
쥬닌도이로	じゅうにんといろ [十人十色] 십인십색; 각인각색
쥬다이	중태
쥬다이	수태
쥬다이	じゅうだい[重大][명ノナ] 중대
쥬다이	じゅうだい[十代]1.십대(teen - age의 역어)
쥬단	銃弾じゅうだん 총탄
쥬메이	수명
쥬모꾸	注目ちゅうもく 주목
쥬분	じゅうぶん[じゅうぶん·十分·充分] 충분
쥬샤	주차
쥬시	じゅうし[重視] 중시
쥬시	注視ちゅうし 주시
쥬쥰	じゅうじゅん[従順] 순종적인
쥰비	준비
즈게나	つけな [漬(け)菜] 절임거리 채소; 특히, 단배추; 또, 그 절임
즈나	つな[綱] 줄 [비법-요코즈나는 횡경이라고 해서 천하장사의 옆에 매는 줄을 의미한다]

즈라이	-づらい 뒤에 붙어서 어렵다
즈루	낚다 つる[釣る]
	[비법-관련목적어:한국어-줄을(가지고)]
즈요꾸	강하게 強つよく
즈이가	추가 追加ついか -〉 쯔이가에
즈이또	추도 追悼ついとう
즈이븐	상당히, 대단히, 꽤
즛도	꽤(짓도는 꼼작 않는 모양)
	[비법-즛도무까시하면 아주 옛날이라는 뜻 ずっと むかし[ずっと昔]]
지가라	ちから [力] 도움, 힘
지겐	じげん[次元][수학·물리] 차원
지겐	じげん[時限] 시한
지다꾸	自宅じたく 자택
기잔사	시간차
지겐	사건 事件
지고	自己じこ 자기(중국어 쯔지) 다른 말로는 지분
지고꾸(1)(지고구)	じごく[地獄][종교]지옥 (↔반의어極楽·天国)
지고꾸(2)	じこく[時刻]
지교	사엄
지까데쯔	지하철
지까라	힘
지까이	가깝다 近
지까이	차회 次回

지끼 じき[時期] 시기, 때; 계절

지끼 じき[直] [명사] 직접.(=동의어じか) [접두] 직…

지끼 じき[磁気][명사] 자기

지끼 じき[磁器][명사] 자기; 사기그릇 (→とうき(陶器))

지끼 じき[自記]1.자기 2.자기가 씀; 또, 그 쓴 것; 자필

지끼 じき[時機][명사] 시기; 기회 (=동의어しおどき)

지끼 じき[時季][명사] 계절; 철 (=동의어シーズン)

지끼 じき[次期][명사] 차기; 다음(번)(↔반의어前期·今期)

지다꾸 じたく[自宅] 자택

지다이 じだい[時代] 시대

지다이 じたい[自体] 1.자체 2.자기 몸 3.그 자신

지다이 じたい[事態][명사] 사태

지다이 じたい[辞退] 사퇴

지도 じどう[児童] 아동

지리쯔조코 自律走行 자율주행

지만 じまん[自慢] 자랑

지메이 指名しめい 지명

지모또 じもと[地元] 그 지역

지무쇼 사무소

지분 자신 じぶん [自分]

지수 指数しすう 지수

지시키 지식 知識

지신 자신 (지분도 자신)

지에 지혜(智恵)

지이끼 地域ちいき; 지역

지이사이	작은
지인	사인
지죠	地上ちじょう 지상
지죠	自性じしょう 자성
지즈쇼	秩序ちつじょ 질서
지지다이	自治じち体たい 자치체
지지쯔	自殺じさつ; 자살
지지쯔죠노	사실상의
지타꾸	자택
지한	치안
지히	じひ[慈悲][명사] 자비
진까시 (賃貸)	[명사]賃貸ちんがし
진고지노	인공지능
진세이	인생 じんせい[人生]
진세이	じんせい[人性][명사] 인성; 인간 본연의 성질
진세이	じんせい[人世][명사] 인세; (인간) 세상; 속세(俗世); 뜬 세상(=동의어うきよ·世間)
진세이	じんせい[仁政][명사] 인정; 어진 정치
진세이	じんせい[人声][명사] 인성; 사람 목소리
진슈쯔	進出 진출
진에이	陣営じんえい 진영
진자이	人材じんざい; 인재
진찌	じんち[人知·人智][명사] 인지; 사람의 지혜
진찌	じんち[陣地][명사] 진지.
진찌	じんち[仁知·仁智][명사] 인지; 인애(仁愛)롭고 지혜로움

짓꾸리	じっくり침착하게
	[비법-여기서의 짓은 쭉 의 의미이다 그래서 쭉 천천히 잘하는 모양을 의미한다]
짓사이	じっさい[実際] 실제
짓세끼	じっせき[実績][명사] 실적; 실제의 공적·성적·성과
짓세끼	じっせき[実跡][명사] 실적; 실제 형적
짓세끼	じっせき[実積]실적; 실제 면적
짓센	実戦じっせん 실전
짓소꾸시	질식사
짓쇼	실증
짓쇼	치상
짓시니아마루	じっしにあまる[十指に余る] 열손가락으로 셀 수 없다
쯔가	つか[束] [명사] 약간; 조금
쯔가	つか[塚·冢][명사] 1.총 2.흙 무더기; 둔덕
쯔가모나이	터무니없다つがもない(쯔가 적은 것)
	[비법-쯔가가 짝]
쯔가이	つかい[使い] 사용함
쯔가레루	つかれる[疲れる](피곤할 피)피로해지다, 피곤하다
	[비법-노동으로 발행한 피로이다:「つか」は､「つかう」(使う) 에서 나왔다]
쯔가우(쯔까우)	つかう[使う]쓰다, 사용하다
쯔가우	つがう[番う] 짝이 되다; 한 쌍이 되다.
	[비법-연결의태어;한국어-제깍제짝]
쯔라메꾸	つらぬく [貫く] 꿰뚫다
쯔라이	つらい[辛い] 괴롭다

[비법-동등:중국어-라(맵다)]

쯔마루	つまる[詰(ま)る] 가득차다 [비법-동등:중국어-두:堵(중국어로는두(한국어로는 두, 그래서 일본어에서는 즈)
쯔무	쌓다
쯔무	つむ[摘む] 따다 [비법-관련의태어;한국어-씈]
쯔바끼	つばき[唾] 침 [비법-동백나무잎과 침의 모습이 비슷해서 이런 이름이 붙었다고 한다]
쯔바메	つばめ [燕] 제비 [비법-동등:한국어-제비와 츠바가 유사하다]
쯔부	つぶ[粒] 알, 씨 [비법-동등:한국어-줍다/줌이어서 덩어리]
쯔부레루	つぶれる[潰れる] 찌그러지다 [비법-동등;한국어-짜부된다]
쯔부루	つぶる [瞑る] 눈을 감다 [비법-동등;한국어-눈을짜부시킨다]
쯔부야꾸	つぶやく[呟く]중얼거리다 [비밥-여기서의 즈부는 입을 크게 벌리지 않고 입을 짜부시키면서 중얼중얼거리는 모습을 의미한다]
쯔우	ろう [牢] 감옥; 옥(獄)
쯔우까	つうか[通過] 1.통과 2.그대로 지나감
쯔우까	つうか[通貨][명사][경제] 통화
쯔유	つゆ[露]1.이슬 2.(이슬같이) 덧없는 것; 곧 사라지

	는 것
	[비법-관련의태어:한국어-축축]
쯔이까	ついか [追加] 추가
쯔쯔꾸	つつく[突く] 쪼다
	[비법-관련의태어:한국어-쭉쭉/쭙쭙-가벼이두르리는 모양적 의태어]
찌라찌라	ちらちら[부사] 작은 것이 날리는 모양: 팔랑팔랑
	[비법-찌라시ちらし[散らし]에서 보듯이 찌라는 퍼지는 모양을 의미한다]
찌루	ちる [散る] 흩어지다
	[비법-찌라찌라에서와 같은 의미를 가진다]
찌죠	ちじょ[痴女•癡女]

카타파 Part

카스카스(가스가스)	かすかす아슬아슬 [비법-동등; 한국어-아슬아슬]
타마타마	たまたま[偶·偶偶·適][부사] 가끔; 이따금 (=동의어時おり) [비법-다마가 구술이나 덩어리를 의미한다. 그래서 뭔가가 어쩌다가 이뤄지고 성과를 내는 것을 의미한다. 그래서 우연 [비법-다마스-이따금씩 도로에서 뒤집힌다고 봐야해]

하 Part

하꼬	상자 箱 [비법-가꼬에서 원래 곽 상자곽에서 온게 그래서 가꼬도 있고 [여기 하꼬도있다]
하꼬부	운반하다 [비법-곽에서 출발한 가고 거기서 하고 그래서 그 하고를 이동]
하꾸	はく[穿く] (바지 따위를)입다 (履く로도)신다 [비법-발과 하꾸같은 것이다. 발로의 동작으로 나온 단어]
하나	꽃 花 [비법-꽃이 확 피어오름을 의미하기에 하와 관련이 된다] [우리말로 화와 하가 같은 어감을 가진다]
하나	코 鼻 [비법-코는 흥흥 호호하는 곳이기에 하도 그런 기능. 나는 명사형]
하네아가루	はねあがる[跳ね上がる] 튀어오르다 [비법-하네는 하늘 또는 하느작거림 그래서 뛰어오름 또는 날기]
하네루	はねる자르다 [刎ねる] [비법-하네는 할 자르다이다] [비법-하네스-잘못해서 하네스가 목을 자르기도 한

	다고 봐야해]
	[비법-관련의태어; 한국어-칸칸에:칸에칸에
하네아가루	はねあがる[跳ね上がる] 튀어오르다
하나조노	화원 はなぞの [花園]
하네루	はねる자르다 [刎ねる]
	[비법-관련 의태어;한국어-칸칸에:칸에칸에
하네루	跳はねる 뛰다
	[비법-관련의태어;한국어-하늘하늘]
하다	はた[旗]깃발
	[비법-하다가 살이어서 깃발도 펄럭펄럭거리는 살과 같아서 말이다]
하다미	はだみ[肌身] 살갗
하다시	はだし [跣·裸足] 맨발로 걸음
하다시떼	はたして[果(た)して] 그래서 그 결과
하다찌	はたち[二十·二十歳] 스무살
하덴	반점
하도	비둘기 はと [鳩]
	[비법-관련비유어:한국어-화(평)도]
하도메	はどめ[歯止め] 바퀴를 제어하는 장치
히라	배 復
	[비법-고독한 미식가에서 주인공이 배고프다고 할때 나오는 말이다]
하라오다데루	화를 내다 はらをたてる [腹を立てる]
하로	はろう[波浪][명사] 파랑; 파도; 물결
	(한문투의 말씨)(=동의어波)

하루	はる[張る] 뻗다; 뻗어나다 [비법-동등:프랑스어-하롱제;rallonger 늘이다 [ʀalɔ̃ʒe]
하루	はる[春] 봄
하리	はり[張り][명사]1.팽팽하게 땅김; 그런 힘 2.야무지고 힘참; 생기; 활기
하리사게루	はりさける[張(り)裂ける] 터지다 [비법-사게루는 사꾸에서 외운다]
하리시고또	針仕事はりしごと 바느질 [비법-침은 훈독으로 '하리'이다. 그래서 침 즉, 바늘을 가지고 하는 일이라서 하리시고도이다]
하메꼬무	はめこむ[はめ込む·填め込む·嵌め込む] 채워넣다
하바	폭
하바다꾸	はばたく [羽ばたく·羽搏く·羽撃く] 날개치다
하바히로이	はばひろい[幅広い] 폭이 넓다
하부라시	歯はブラシ 칫솔
하세루	はせる[馳せる] 1.달리다 2.(먼 곳의 어떤 것을) 생각하다
하이고	배후
하이고	배합
하이구샤	배우자
하이규	배급
하이데마루	はいでる[はい出る·這い出る] 기어나오다
하이세쯔	배설 排泄
하이소	배송

하이유	俳優はいゆう; 배우
하이이로	회색 はいいろ灰色 [비법-시사로 암기하는데 はいいろこうかん[灰色高官] 하이이로고깐은 '회색 고관'이라는 말로써 (대형 항공기 등의 매입에 관련된 뇌물사건의 고관은 법률상으로는 유죄라고 할수 없으나 무죄도 아니라는데서 나온 말로 외운다)
하이쯔우	はいつう[背痛] 등의 통증
하죠	はじょう[波状]파장
하즈가시이	はずかしい[恥ずかしい] 부끄럽다
하쯔	はつ[初][명사] 처음; 최초[접두] 1.(名詞·動詞連用形앞에 붙어) 2.처음의 뜻, 첫…
하쯔	はつ[髪] [명사] 머리털
하쯔까	はつか[二十日] [명사] 20일; 스무날
하쯔까	はつか[僅か] 약간
하쯔이꾸	はついく [発育] 발육
하찌오지	八王子
하쿠	泊 숙박, 니하쿠: 2박
한가꾸	반액 半額はんがく
한노우	反応はんのう 반응
한다이	はんだい[飯台][명사] 여럿이 함께 식사할 수 있는 밥상; 식탁(食卓).(=동의어ちゃぶだい)
한다이	はんたい[反対] 반대
한단	판단
한바이	はんばい[販売] 판매

한바이다이스	판매대수
한분	はんぶん[半分] 반쪽
한세이	反省はんせい 반성
한자이	범죄
핫도시떼	핫도시데 깜짝 はっとして
핫바	はっぱ[葉っぱ] 잎사귀
핫뽀	はっぽう[八方][명사] 팔방; 여기저기; 모든 방면; 다방면
핫뽀	はっぽう[発泡][명사][ス자동사] 발포; 거품을 내는 일고 연주를 해야해]
헤이까이시끼	폐회식
헤이끼	へいき[平気] 아무렇지도 않음
헤이끼	兵器へいき 병기
헤이다이	へいたい[兵隊] 병대 병정
헤이죠	へいじょう[平常] 평상
호도구	풀다
호라	ほら[法螺]1.'ほらがい'의 준말 2.허풍을 떪; 과장해서 말함; 또, 그런 이야기
호라	ほら [감동사] 급히 주의를 환기시킬 때 내는 소리: 이봐; 얘; 자.(=동의어ほれ·そら)
호라아나	ほらあな[洞穴] 동굴
호루	놓다 放[호 자가 들어가네]
호보	보호 保護
호보호보	ほぼほぼ 거의를 나타내는 부사
호소	방송

호소	포장
호쇼	ほしょう[保証][명사][スㅌ타동사] 보증
호쇼	ほしょう[保障][명사][スㅌ타동사] 보장
호쇼	ほしょう[補償][명사][スㅌ타동사] 보상
호쇼	ほうしょ[苞苴] 생선·과일 등을 안에 넣고 짚으로 싼 것 (=동의어わらづと·あらまき)
호쇼	보상
호슈	ほうしゅう[報酬][명사] 보수 (=동의어お礼·返礼)
호슈	ほしゅ[保守][명사] 보수 (↔반의어革新)
호슈	ほしゅう[補習][명사][スㅌ타동사] 보습
호슈	ほうしゅ[法主]1.[불교]법주 2.한 종파의 우두머리 (특히 真宗에서)
호슈	ほうしゅ[砲手] [명사] 포수
호슈	ほしゅう[補修][명사][スㅌ타동사] 보수
호시	별 星
호시끼	ほうしき[方式] 방식
호신	方針ほうしん 방침
호에루	ほえる[吠える·吼える] 으르렁 거리다
호요	ほよう[保養] 보양; 건강을 위하여 심신을 쉼; 휴양 (=동의어養生)
호요	ほうよう[抱擁][명사][スㅌ타동사] 포옹; 얼싸안음
호요	ほうよう[法要][명사] 법요; 법회(주로 장의(葬儀)·추선(追善) 공양)=法会
호요	ほうよう[包容] 포용
호우가고	ほうかご [放課後] 방과 후

호우가이	붕괴 崩壊ほうかい
호우게이	풍경
호우또	방도 ほうと[方途]
호우죠	包丁ほうちょう 부엌칼
호우후	ほうふ [豊富] 풍부
호이꾸	ほいく[保育] 보육
호이꾸시	ほいくし[保育士]
호죠	표정
호쥬	訪中ほうちゅう 방중
호쯔호유료또	ほっぽうりょうど [北方領土] 북방영토
호찌	ほうち[放置][명사][スタ동사] 방치
호찌	ほうち[法治][명사] 법치
호호	방법
호호에무	ほほえむ[ほほ笑む·頬笑む·微笑む]미소를 짓다[일반 -여기서 호호는 정말로 호호의 의미. 의성어]
혼까이	ほんかい[本会] 본회
혼끼니나루	ほんきになる[本気になる] 진지해지다
혼꼬	은행의 본점[本行]
혼꼬	본교
혼노	ほんの[本の] 그것밖에 안 되는, 단지
혼반	ほんばん[本番] 1.제대로 된 차례 2.연습이 아닌 실제 방송
혼소	ほんそう[奔走] 분주(히 하다)
혼쇼	ほんしょ[本書]1.본서 2.주된 문서
혼쇼	ほんしょう[本性][명사] 1.본성 2.본래 타고난 성질

	(=동의어ほんせい)
혼야꾸	翻訳ほんやく 번역
혼지쯔	ほんじつ[本日]오늘
홋도	ほっと 한숨
홋도쓰루	ほっとする 한숨 놓다, 안심하다
홋베다	ほっぺた[頬っぺた] 뺨
후꾸	(피리를) 불다 ふえをふく [笛を吹く]
	[비법-후꾸하고 피리를 불다. 한국말로는 훅]
후꾸로	ふくろ[袋·嚢] 주머니[이께부꾸로-지명]
후꾸사쯔	複雑ふくざつ 복잡
후꾸이	ふくい[復位][명사][ス자동사] 복위
후끼	ふうき[風紀][명사] 풍기
후도우	封筒ふうとう 봉투
후돈	布団 이불
	[비법-이는 한자를 읽었을 뿐이다]
후루	ふる[振る][5단활용 타동사] 1.흔들다 2.흔들어 휘두르다
후루	ふる[降る] 1.(비·눈·서리 등이) 내리다; 오다 2.위에서 물건이 떨어지다
후로	ふろ[風呂] 목욕통
후루나지미	ふるなじみ[古なじみ·古馴染(み)] 오랜 친구
후루사또	ふるさと[古里·故里·故郷] 고향
후리가에루	ふりかえる[振(り)返る] 뒤돌아보다
후세끼	布石ふせき 포석

후세이꼬	ふせいこう[不成功] 불성공
후쇼	불상
후시끼(나)	불식(不識) 알지 못하는, 이상한 [비법-이 단어 자체가 바로 불식 즉, 알지 못한다는 의미를 자연스럽게 담고 있다]
후아후아또	두둥실
후안	불안
후안간	不安ふあん感かん
후에	피리 笛 [비법-피리는 한자로 적이지만 불때는 후 하고 불게 된다 그런 의성어가 반영이 되었다]
후왓도	ふわっと둥실 [비법-후와리도와 같은 설명이 가능]
후우게	ふうけい[風景] 풍경
후지유	不ふ自由じゆうだ
후죠샤	負傷ふしょう者しゃ 부상자
훈세끼	ふんせき [噴石]분석
훈와리	ふんわり 살짝, 사뿐
훗가쯔	ふっかつ[復活] 부활
훗도	ふっと 갑자기
효우시	ひょうし [拍子] 박자
히고꾸	ひこく[被告]
히고로	ひごろ [日ごろ·日頃] 평소 [비법-고로는 때를 의미하는데 날의 때이기에 평소가 된다]

히까꾸	ひかく[比較] 비교
히꾸	연주하다 彈 [비법-원래 히꾸는 끌어당기다이다. 그래서 획하는 것도 나온다. 그래서 연주도 줄을 끓어당기는 것이기에 이렇게 해서 암기한다.
히끼	일기
히끼	-ひき[匹·疋] 마리, 필(匹)
히끼가에루	ひきがえる[蟇蛙·蟾蜍] 두꺼비 [비법-가에는 규가 된 것이다]
히끼가에루	교환하다 ひきかえる[引(き)換える·引(き)替える] [비법-그냥 바꾸기만 하면 가에루가 된다 있던 것을 없애고 새것을 두면 되니까 말이다 그런데 거기에 히끼가 붙어서 끌고와서 그 자리에 있던 것을 이 자리에 둔다는 의미가 된다]
히다도	ひたと[直と] 1.쭉 2.갑자기
히다루	ひたる[浸る·漬る] 빠지다 [비법-히다가 합쳐서 빠와 같다고 봐야 한다. 그런데 생각해보면 일본어에서 히바루는 좀 어색한 발음이다]
히다리	왼쪽
히다이	ひたい[額][명사] 이마 (=동의어おでこ)
히데리	가뭄 日
히도가게	ひとかげ[人影] 사람의 그림자
히도지쯔	인질
히도쯔마	ひとづま[人妻] 유부녀

히도사시	ひときし[一指し][명사] 장기 따위의 한 판
히도사시	ひときし[一差し][명사] (춤 따위의) 한 번; 한 판
히라이	ひらい[比来][명사] 근래; 요즈음
히레	ひれ[鰭] 1.지느러미 2.(요리에서) 지느러미의 살
히레이	ひれい[比例][명사][ス자동사] 비례
히로우	ひろう [拾う] 1.(떨어진 것을) 줍다(↔ 반의어 捨てる) 2.골라내다 3.(많은 중에서) 뽑아내다 [비법-히로가 습이 된다. 이때는 습은 주울 습이 되어서 익힐 習과는 구별이 된다]
히로마	ひろま[広間] 마루, 큰방 [비법-히로이는 넓다는 뜻이고, 마는 마루로서 사이 간 또는 공간을 의미한다. 그래서 히로마는 거실 또는 큰 방이다]
히마	[명사] 1.손이 비어 있는 시간·상태 2.틈; 짬; 기회 3.한가한 상태 [비법-히마에서의 히는 히로이에서의 로이가 빠진 것이라고 봐야 한다. 그리고 마루는 마가 된다]
히마	ひま[隙] 1.물건과 물건의 사이; 간격; 틈 (= 동의어 すきま) 2.사이가 나쁨; 티격남; 불화 [비법-여기서의 히마도 ひま[暇·閑]와 같은 것이라고 보면 된다]
히미쯔	ひみつ[祕密] 비밀
히비	그날 그날 ひび[日日] [비법-원래 히히 가 되어야 하는데 발음의 문제로 히비가 된다]

히비꾸	ひびく[響く] 울리다 [비법- 히비끼- 한일양국에서 인기가 높은 일본 성인배우이름이 히비끼]
히사시	ひさし[庇·廂] 차양
히사시부리	ひさしぶり[久しぶり·久し振り] 오랜만에
히쇼죠	미소녀 びしょうじょ [美少女]
히시	ひし[皮脂] 피지
히요	비용
히요	일용
히요미나이	ひをみない [比を見ない] 유례가 없다
히이레	ひいれ[火入れ][명사] 담뱃불 따위의 불씨를 넣는 조그만 그릇
히자시	ひざし[陽ざし] 햇살(메자시와 비교)
히죠	ひじょう[非常]
히쯔요	ひつよう[必要] 필요하다
히쯔요노나이	ひつようのない 필요 없다
히쯔우	ひつう[悲痛] 비통
히쯔지	ひつじ[羊][명사] 양(=동의어めんよう)
힌곤	빈곤
힛구리가에스	ひっくりかえす[引っ繰り返す] 뒤집다 [일반-그냥 가에스 하면 바꾸다 돌리다인데, 거기에 힛꾸리가 붙은 형태이다]
힛시	必死ひっし 필사적으로
히자시	ひざし[陽ざし] 햇살 [비법-메자시 めざし [目差(し)·目指(し)]는 눈초리 눈길의 의미]

세계경제 미국경제 일본경제의 큰 흐름을 알자

: AI가 부른 전자 폐기물, 2030년까지 500만t 쌓인다[4]

2030년까지 AI(인공지능)이 급성장하면서 전 세계 전자 폐기물이 최대 500만t에 달할 수 있다는 연구 결과가 나왔다. 전문가들은 재활용을 중심으로 한 순환 경제 전략이 필요하다고 강조했다.

중국과학원과 이스라엘 레이치맨대 공동 연구진은 "챗GPT나 구글 제미나이와 같은 생성형 인공지능(AI)이 확산되면서 2020년에서 2030년 사이 전 세계 전자 폐기물이 총 120만~500만t에 이를 것"이라고 29일 밝혔다. 이번 연구 결과는 이날 국제 학술지 '네이처 계산과학(Nature Computational Science)'에 게재됐다.

생성형 AI는 이미지나 텍스트 생성과 같은 일상적 용도부터 과학 연구까지 다방면에 활용되고 있다. 이처럼 사용 범위가 넓어지면서 AI를 구현하기 위한 하드웨어나 반도체도 빠르게 발전하고 있다. 생성형 AI의 활용이 확대될수록 더 높은 성능을 요구하는 하드웨어와 반도체로 기존 장비가 대체되면서, 전자 장비 폐기물도 늘어나고 있다.

연구진은 생성형 AI의 확산 정도에 따른 네 가지 시나리오를 고려해 전자 폐기물의 양을 예측했다. 그중 생성형 AI의 확산이 가장 빠른 경우, AI 서버가 주로 배치되는 북미나 동아시아, 유럽 지역을 중심으로 2030년 연간 최대 250만t의 전자 폐기물이 발생할 것이라고 예상했다.

4) 조설일보 2024.10.29

(중략)

1) 뭐든지 쓰레기는 나온다

뭘해도 쓰레기는 나올 수밖에 없다. 맛있어보이는 요리프로를 봐도 그 최후는 결국 쓰레기다.

2) 쓰레기도 생각하기에 따라서는 자원이다

종이도 그렇다고 하지 않는가? 활용하기에 따라서는 다 폐자원이 더 훌륭한 자원으로 활용된다. 늘 주시하고 산업성을 확인 점검해야 한다.

가미	かみ[紙] 종이 [비법-감다에서 유래한다]

도 서 명: DL그룹임직원을 위한 일본어 쉽게 외우게 하는 책
저　　자: 최단시간외국어연구회
초판발행: 2024년 12월 06일
발　　행: 수학연구사
발 행 인: 박기혁
등록번호: 제2020-000030호
주　　소: 서울특별시 영등포구 버드나루로 130 1층 104호(당산동, 강변래미안)
Tel.(02) 535-4960　Fax.(02)3473-1469

Email. kyoceram@naver.com

9001 고1,고2 내신 수학은 따라가지만 모의고사는 망치는 학생의 수학 문제 해결법
저자 수학연구소 / 19,500

9002 이공계 은퇴자와 강사를 위한 수학 과학 학습상담센터 사업계획 가이드
저자 수학연구소 / 19,500

9003 고3 재수생 수능 수학 만점, 양치기를 어떻게 바라보고 극복할 것인가
저자 수학연구소 / 19,500

9004 대학생들이 세상에서 가장 효율적으로 일본어를 정복하는 방법
저자 최단시간일본어연구회 / 19,500

9005 프랑스어를 꼭 공부해야 하는 대학생들이 쉽게 어려운 단어를 외우는 방법
저자 최단시간프랑스어연구회 / 19,500

9006 중국어를 빠르게 배우고 싶은 해외 파견 공무원들을 위한 책
저자 최단시간중국어연구회 / 19,500

9007 변리사들이 효율성 높게 일본어를 익히는 법
저자 변리사실무연구회 / 19,500

9008 세무사가 업무상 필요한 일본어 청취를 빠르게 습득하는 법
저자 세무사실무연구회 / 19,500

9009 심리상담사가 프랑스어 단어를 빠르게 익히는 방법
저자 상담심리실무연구회 / 19,500

9010 업무용 일본어 듣기의 효율성을 높이는 법: 해외파견공무원용
저자 공무원실무연구회 / 19,500

9011 관세사들이 스페인어 단어를 쉽고 빠르게 외우는 법
저자 관세사실무연구회 / 19,500

9012 스페인어 리스닝을 쉽게 하는 법: 해외파견금융기관직원을 위한 책
저자 금융실무연구회 / 19,500

9013 관사세가 알면 좋을 프랑스어 단어를 효율적으로 외우는 법
저자 관세사실무연구회 / 19,500

9014 법조인이 알면 좋을 스페인어 단어를 빠르게 익히는 법
저자 법조인실무연구회 / 19,500

9015 법조인이 알면 좋을 스페인어 단어를 빠르게 익히는 법
저자 법조인실무연구회 / 19,500

9016 미용 뷰티업계에서 알면 좋을 이탈리아어 단어 빠르게 외우는 법
저자 뷰티실무연구회 / 19,500

9017 간호대학생과 간호사 의학용어시험 만점! 심장순환계통단어 암기법
저자 의학수험연구회 / 19,500

9018 항공공항업계에서 알면 좋을 스페인어 단어 스피드 암기법
저자 항공공항실무연구회 / 19,500

9019 약사와 약대생을 위한 의학용어 만점암기법_ 심장순환계와 근육계
저자 의학수험연구회 / 19,500

9020 한의사와 한의대생을 위한 양의학용어 암기법_ 호흡기와 감각기
저자 의학수험연구회 / 19,500

9021 의료변호사를 위한 의학용어 암기법_ 소화기와 비뇨기
저자 의학수험연구회 / 19,500

9022 건강보험공단 직원과 취준생을 위한 의학용어 암기법_ 감각기와 호흡기
저자 의학수험연구회 / 19,500

9023 간호사 국가고시 합격기간 단축하기_ 1교시 성인간호, 모성간호
저자 의학수험연구회 / 19,500

9024 건강보험공단 직원과 취준생을 위한 의학용어 암기법_ 감각기와 호흡기
저자 의학수험연구회 / 19,500

9025 수의사와 수의대생을 위한 의학용어 암기법_ 근골계와 심장순환계
저자 의학수험연구회 / 19,500

9026 식품위생직, 식품기사 시험을 위한 식품미생물 점수 쉽게 따기
저자 식품위생연구회 / 19,500

9027 영양사 시험 스피드 합격비법_ 1교시 영양학, 생화학, 생리학 중심
저자 영양사시험연구회 / 19,500

9028 영양사 시험 스피드 합격비법_ 2교시 식품학, 식품위생 중심
저자 영양사시험연구회 / 19,500

9029 6급 기관사 해기사 자격 시험 스피드 합격비법
저자 해기사시험연구회 / 19,500

9030 재배학개론 농업직 공무원시험 스피드 합격비법
저자 공무원시험연구회 / 19,500

9031 식용작물학 농업직 공무원시험 스피드 합격비법
저자 공무원시험연구회 / 19,500

9032 수능 지구과학1 입체적 이해로 만점 받기
저자 수능시험연구회 / 19,500

9033 건축구조 건축직 공무원 시험 교과서 술술 읽히게 하는 책
저자 공무원시험연구회 / 19,500

9034 위생관계법규 조문과 오엑스 조리직 공무원시험
저자 공무원시험연구회 / 19,500

9035 자동차구조원리 운전직 공무원 시험 교과서 술술 읽히게 하는 책
저자 공무원시험연구회 / 19,500

9036 수의사와 수의대생을 위한 의학용어_ 암기법 소화기와 비뇨기
저자 의학수험연구회 / 19,500

9037 도로교통사고 감정사 1차 시험 교과서 술술 읽히게 하는 책
저자 자격증수험연구회 / 19,500

9038 위험물산업기사 필기시험 교과서 술술 읽히고 암기되게 하는 책
저자 자격증수험연구회 / 19,500

9039 소방관계법규 조문과 오엑스 소방직 공무원시험
저자 공무원시험연구회 / 19,500

9040 양장기능사 필기시험 교과서 술술 읽히고 암기되게 하는 책
저자 자격증수험연구회 / 19,500

9041 섬유공학 패션의류 전공자가 섬유가공학 술술 읽고 학점도 잘 받게 해주는 책
저자 섬유공학패션연구회 / 19,500

9042 의류복식사 술술 읽고 학점 잘 받게 해주는 섬유공학 패션의류 전공자를 위한 책
저자 섬유공학패션연구회 / 19,500

9043 반도체장비유지보수 기능사 필기 교과서 술술 읽히고 암기되게 하는 책
저자 자격증수험연구회 / 19,500

9044 4급 항해사 해기사 자격 수험서 술술 읽히고 암기되게 하는 책
저자 자격증수험연구회 / 19,500

9045 접착 계면산업 관련 논문 특허자료 술술 읽히고 암기되게 하는 책
저자 접착계면산업연구회 / 19,500

9046 재수삼수 생활로 점수 올려 대입 성공한 이야기
저자 오답노트컨설팅클럽 / 19,500

9047 치위생사 국가시험 수험서 술술 읽히고 암기되게 하는 책
저자 자격증수험연구회 / 19,500

9048 치위생사 국가시험 수험서 술술 읽히고 암기되게 하는 책_ 2교시 임상치위생처치 등
저자 자격증수험연구회 / 19,500

9049 가스산업기사 필기시험 수험서 술술 읽히고 암기되게 하는 책
저자 자격증수험연구회 / 19,500

9050 응급구조사 1,2급 시험 수험서 술술 읽히고 암기되게 하는 책
저자 자격증수험연구회 / 19,500

9051 떡제조기능사 시험 수험서 술술 읽히고 암기되게 하는 책
저자 자격증수험연구회 / 19,500

9052 임상병리사 시험 수험서 술술 읽히고 암기되게 하는 책
저자 자격증수험연구회 / 19,500

9053 의료관계법규 4대법 조문과 오엑스 뽀개기 의료기술직 공무원시험
저자 공무원시험연구회 / 19,500

9054 간호학 전공자가 간호미생물학 술술 읽고 학점도 잘 받게 해주는 책
저자 간호학연구회 / 19,500

9055 간호사 국가고시 합격기간 단축하기_ 2교시 아동간호, 정신간호 등
저자 의학수험연구회 / 19,500

9056 도로교통법규 조문과 오엑스 뽀개기 운전직 공무원시험
저자 공무원시험연구회 / 19,500

9057 전기공학부생들이 시험 잘 보고 학점 잘 따는 법
저자 기술튜터토니 / 19,500

9058 간호대학생들이 약리학을 쉽게 습득하는 학습법
저자 간호학연구회 / 19,500

9059 의치대를 목표하는 초등생자녀 이렇게 책 읽고 시험 보게 하라
저자 의치대보낸부모들 / 19,500

9060 지적관계법규 조문과 오엑스 뽀개기 지적직 공무원시험
저자 공무원시험연구회 / 19,500

9061 방송통신대 법학과 학생이 학점 잘 받게 공부하는 법
저자 법학수험연구회 / 19,500

9062 공인중개사 1차 시험 쉽게 합격하는 학습법
저자 법학수험연구회 / 19,500

9063 기술직 공무원 시험 쉽게 합격하는 학습법
저자 공무원시험연구회 / 19,500

9064 독학사 간호과정 공부 쉽게 마스터하기
저자 간호학연구회 / 19,500

9065 주택관리사 시험 빠르게 붙는 방법과 노하우
저자 자격증수험연구회 / 19,500

9066 비로스쿨 법학과 대학생들을 위한 공부 방법론
저자 법학수험연구회 / 19,500

9067 기술지도사 필기시험 빠르고 쉽게 합격하는 학습법
저자 자격증수험연구회 / 19,500

9068 감정평가사 시험 스트레스 낮추고 빠르게 최종 합격하는 길
저자 자격증수험연구회 / 19,500

9069 의무기록사 시험 합격을 위한 의학용어 암기법_ 순환계와 근골계
저자 의학수험연구회 / 19,500

9070 의무기록사 시험 합격을 위한 의학용어 암기법_ 소화기와 비뇨기
저자 의학수험연구회 / 19,500

9071 감정평가사 2차 합격을 위한 서브노트의 필요성 논의와 공부법
저자 자격증수험연구회 / 19,500

9072 감정평가사 민법총칙 최단시간 공부법과 문제풀이법
저자 자격증수험연구회 / 19,500

9073 게임 IT업계 직원이 영어를 빠르게 듣고 말할 수 있는 방법
저자 최단시간영어연구회 / 19,500

9074 IT 게임업계 직원이 효율적으로 빠르게 일본어를 습득하는 법
저자 최단시간일본어연구회 / 19,500

9075 게임회사 IT업계 직원이 프랑스어 단어를 빨리 익히는 법
저자 최단시간프랑스어연구회 / 19,500

9076 경영지도사가 빠르고 효율적으로 중국어를 배우는 법
저자 최단시간중국어연구회 / 19,500

9077 유튜버가 일본어 청취를 빠르게 익히는 방법
저자 최단시간일본어연구회 / 19,500

9078 법조인들이 알면 좋을 프랑스어 단어를 빠르게 익히는 법
저자 최단시간프랑스어연구회 / 19,500

9079 경영지도사에게 필요한 스페인어 단어 빠르게 익히기
저자 최단시간스페인어연구회 / 19,500

9080 일본어 JLPT N4, N5 최단시간에 합격하는 법
저자 최단시간일본어연구회 / 19,500

9081 관세사에게 필요한 이탈리아어 단어 빠르게 익히기
저자 최단시간외국어연구회 / 19,500

9082 일본 관련 사업을 하는 중개사를 위한 효율적인 일본어 듣기법
저자 최단시간외국어연구회 / 19,500

9083 일본 취업 준비생을 위한 일본어 리스닝과 단어 실력 빠르게 올리는 방법
저자 최단시간외국어연구회 / 19,500

9084 관세사에게 필요한 중국어 빠르게 습득하는 법
저자 최단시간외국어연구회 / 19,500

9085 누적과 예측을 통한 영어 말하기와 듣기 해답_ 해외진출자를 위한 책
저자 최단시간외국어연구회 / 19,500

9086 스페인어를 공부해야 하는 대학생들이 빠르게 단어를 숙지하는 법
저자 최단시간외국어연구회 / 19,500

9087 취업 준비 대학생은 인생 자격증으로 공인중개사 시험에 도전하라
저자 자격증수험연구회 / 19,500

9088 고경력 은퇴자에게 공인중개사 시험을 강력 추천하는 이유와 방법론
저자 자격증수험연구회 / 19,500

9089 효율적인 4개 국어 학습법과 외국어 실력 올리는 방법
저자 최단시간외국어연구회 / 19,500

9090 여성들의 미래대안 공인중개사 시험 도전에 필요한 공부 가이드
저자 자격증수험연구회 / 19,500

9091 해외파견근무직원들이 이탈리아어 단어 빠르게 익히는 방법
저자 최단시간외국어연구회 / 19,500

9092 영어 귀가 뻥 뚫리는 리스닝 훈련법
저자 최단시간외국어연구회 / 19,500

9093 열성아빠를 위한 민사고 졸업생의 생활팁과 우수 공부비법
저자 교육연구회 / 19,500

9094 유초등 아이 키우는 열정할머니를 위한 민사고 생활팁과 공부가이드
저자 교육연구회 / 19,500

9095 심리상담사가 일본어를 쉽게 배울 수 있는 노하우와 팁
저자 최단시간외국어연구회 / 19,500

9096 법조인을 위한 들리는 소리에 집중하는 외국어 리스닝과 단어 훈련법
저자 최단시간외국어연구회 / 19,500

9097 관세사를 위한 문법 상관없이 받아 듣고 적는 외국어 학습법
저자 최단시간외국어연구회 / 19,500

9098 민사고에 진학할 똑똑한 중학생을 위한 민사고 공부팁과 인생 이야기
저자 교육연구회 / 19,500

9099 해외파견근무직원들을 위한 프랑스어 단어 쉽게 배우기
저자 최단시간외국어연구회 / 19,500

9100 해외파견근무직원들이 일본어를 쉽고 빠르게 공부하는 방법
저자 최단시간외국어연구회 / 19,500

9101 대학생들이 이탈리아어 단어 쉽고 빠르게 익히는 법
저자 최단시간외국어연구회 / 19,500

9102 뷰티 화장품 업계에서 알면 좋을 스페인어 단어 쉽게 익히기
저자 최단시간외국어연구회 / 19,500

9103 민사고 진학에 갈등을 느끼는 딸바보 아빠를 위한 인생 조언과 공부법
저자 교육연구회 / 19,500

9104 유튜버를 위한 영어 리스닝과 스피킹 실력 빠르게 올리는 법
저자 최단시간외국어연구회 / 19,500

9105 해외파견직들을 위한 문법 없이 어학 공부하는 방법
저자 최단시간외국어연구회 / 19,500

9106 변리사가 프랑스어 단어를 쉽고 빠르게 배우는 법
저자 최단시간외국어연구회 / 19,500

9107 법조인이 알면 좋을 중국어 스피드 습득법
저자 최단시간외국어연구회 / 19,500

9108 임용고시 합격하려면 고시 노장처럼 공부하지 마라
저자 임용고시연구회 / 19,500

9109 임용고시 합격을 위한 조언_ 공부로 생긴 스트레스 공부로 풀어라
저자 임용고시연구회 / 19,500

9110 가맹거래사 시험 법학에 자신이 없는 사람들이 꼭 봐야 할 합격법
저자 자격증수험연구회 / 19,500

9111 가맹거래사 책이 쉽게 이해되지 않는 사람들을 위한 수험전략 가이드
저자 자격증수험연구회 / 19,500

9112 항공 및 공항 업계에서 알면 좋을 이탈리아어 단어 효율 암기법
저자 최단시간외국어연구회 / 19,500

9113 은퇴자를 위한 외국인과 만나는 게 즐거운 영어 리스닝 방법
저자 최단시간외국어연구회 / 19,500

9114 항공과 공항업계인을 위한 일본어 듣기와 단어 청크 단위 학습법
저자 최단시간외국어연구회 / 19,500

9115 유튜버가 프랑스어 단어에 쉽게 접근하고 익히는 법
저자 최단시간외국어연구회 / 19,500

9116 대학생이 필요한 스페인어 청취를 빠르게 습득하는 법
저자 최단시간외국어연구회 / 19,500

9117 해외파견직들을 위한 스페인어 단어 스피드 학습법
저자 최단시간외국어연구회 / 19,500

9118 관세사를 위한 직청직해 소리단어장 다국어 훈련법
저자 최단시간외국어연구회 / 19,500

9119 경비지도사 처음 도전하는 사람들이 꼭 알아야 할 시험 접근법
저자 자격증수험연구회 / 19,500

9120 유튜버가 이탈리아어 단어 효율적으로 익히는 방법
저자 최단시간외국어연구회 / 19,500

9121 관세사가 빠르고 쉽게 일본어 실력 올리는 법
저자 최단시간외국어연구회 / 19,500

9122 영어가 부족한 법조인을 위한 리스닝과 스피킹 효율 학습법
저자 최단시간외국어연구회 / 19,500

9123 미용 뷰티업계에서 알면 좋을 일본어 쉽게 접근하는 법
저자 최단시간외국어연구회 / 19,500

9124 대학생을 위한 외국어 공부법_ 문법은 버리고 소리에 집중하자
저자 최단시간외국어연구회 / 19,500

9125 심리상담사가 스페인어 단어를 효율적으로 배우는 방법
저자 최단시간외국어연구회 / 19,500

9126 대학생을 위한 다양한 외국어 쉽게 접근하게 해주는 가이드
저자 최단시간외국어연구회 / 19,500